Alsheimer Schreibstube:

Alltagsgeschichten aus Rheinhessen
Teil 2

ALSHEIMER SCHREIBSTUBE:

ALLTAGSGESCHICHTEN AUS RHEINHESSEN II

aufgeschrieben im biografischen Schreibkurs

„Das Leben schreibt die besten Geschichten"

an der VHS Alsheim

mit Texten von:

Gisela Diehl, Marita Gordner, Anne Michel, Sabine Tinnacher, Marlies Uhrig und Elisabeth Vierheller

Herausgegeben von Maria Schmitz

© 2021 Das Biografie-Institut

Fotos: S. 52, 102 Manuela Baltz, alle anderen Maria Schmitz

Redaktion. Lektorat und Satz:

Das Biografie-Institut

Maria Schmitz, Dienheim

www.biografie-institut.de

Herstellung und Verlag: BoD – Books on Demand, Norderstedt

ISBN 9783755736189

Inhaltsverzeichnis

Vorwort

„Das Leben schreibt die besten Geschichten." Unter diesem Motto begann im Frühjahr 2015 an der Volkshochschule in Alsheim ein biografischer Erzähl- und Schreibkurs. Im Zentrum standen dabei elementare Fragen: Wer sind wir? Woher kommen wir? Warum sind wir, wie wir sind? Was hat uns geprägt? Dazu gehören die Umgebung, das Dorf, in dem wir aufgewachsen sind, sowie Menschen, die für uns wichtig waren.

Entstanden ist inzwischen eine Vielzahl lebendiger Geschichten aus Rheinhessen. Sie berichten von der unmittelbaren Nachkriegszeit mit ihren Herausforderungen, von alter und neuer Heimat und vom Zusammenleben in der Großfamilie und auf dem Dorf. Es sind lebendige Kindheitserinnerungen und heitere Anekdoten, aber auch Nachdenkliches und Ernstes. Vor allem sind es wahre Geschichten aus dem Alltagsleben in Rheinhessen, ein Stück Zeitgeschichte, das uns verdeutlicht, wie vieles sich in den letzten Jahrzehnten verändert hat.

„Das müsstest Du eigentlich mal aufschreiben!" Wie oft fällt dieser Satz, wenn Menschen aus ihrem Leben erzählen. Die vorliegenden Texte wollen Sie dazu ermutigen!

Maria Schmitz

Heimat

Unter dem Begriff „Heimat" versteht jeder etwas anderes. Heimat kann sowohl alt als auch neu sein. Manche lieben sie, andere denken nur ungern daran. Einige haben ihre Heimat verloren. Andere sind ein Leben lang auf der Suche nach ihr.

Die Teilnehmerinnen haben dazu ihre Gedanken und Ideen in eine uralte Gedichtform gefasst, das malaiische Pantum.

Ein Pantum kann aus beliebig vielen Strophen bestehen. Jede Strophe hat vier Zeilen. Das Interessante und gleichzeitig Herausfordernde an dieser Art, Gedichte zu schreiben, ist ein genau festgelegtes Muster, nach dem die Zeilen wiederholt werden. Jeweils die zweite und vierte Zeile einer Strophe werden als erste und dritte Zeile der nächsten Strophe wiederholt. Zusätzlich wird die dritte Zeile der ersten zur zweiten Zeile der letzten Strophe und der erste Vers des Gedichtes zum letzten, teilweise bleiben aber erste und dritte Zeile der ersten Strophe auch unvertauscht.

Heimat kann so vieles sein

Heimat kann so vieles sein
Manchmal auch ein Ort aus Stein
Ist der Ruhepol in meiner Seele
Tief verankert in meinem Wesen.

Manchmal auch ein Ort aus Stein
Die Erinnerung an Sonnenschein
Tief verankert in meinem Wesen
Erdet mich auf meinen Wegen.

Die Erinnerung an Sonnenschein
Heimat kann auch Sprache sein
Erdet mich auf meinen Wegen
Auch aus der Ferne bringt sie Segen.

Heimat kann auch Sprache sein
Verständigung und Einigkeit
Auch aus der Ferne bringt sie Segen
Sie zu bewahren ist mein Streben.

Verständigung und Einigkeit
Lebensraum, Glückseligkeit
Sie zu bewahren ist mein Streben
Ist die Kindheit, ist das Leben.

Lebensraum, Glückseligkeit
Heimat kann so vieles sein
Ist die Kindheit, ist das Leben
Ist der Ruhepol in meiner Seele.

Anne Michel

Rheinhessen

Geboren bin ich in einem kleinen Dorf am Rhein
der Wonnegau mit seiner herrlichen Landschaft
Rheinhessen - jetzt gerade 200 Jahre alt
Weinberge, Felder und kleine Wäldchen

der Wonnegau mit seiner herrlichen Landschaft
mit Wasser, Bäumen und mildem Klima
Weinberge, Felder und kleine Wäldchen
artenreiche Vielfalt ringsum

mit Wasser, Bäumen und mildem Klima
hier gedeihen gute Weine
artenreiche Vielfalt ringsum
Obst und feines Gemüse wächst reichlich

hier gedeihen gute Weine
Weine, die man gerne gemeinsam trinkt
Obst und feines Gemüse wächst reichlich
für Essen und Trinken ist immer gesorgt

Weine die man gerne gemeinsam trinkt

dazu hört man Neues aus der Umgebung

für Essen und Trinken ist immer gesorgt

Gäste sind herzlich willkommen

dazu hört man Neues aus der Umgebung

Geboren bin ich in einem kleinen Dorf am Rhein

Gäste sind herzlich willkommen

Rheinhessen - jetzt gerade 200 Jahre alt.

Marlies Uhrig

Heimatland

Von der Kapelle hoch oben schweift mein Blick übers Land
Weit in der Ferne leuchtet des Flusses silbrig Band
Wilde Blumen und Gräser blühen am Wegesrand
Fruchtbar und schön ist mein von Gott gesegnetes Heimatland

Weinberge soweit das Auge reicht
In der Ferne verschwommen sich der Odenwald zeigt
Im Westen der Donnersberg, so nah und doch so weit
Die Dämmerung beginnt, ich bin zur Rückkehr bereit

Vögel ziehen noch Kreise hoch über dem Land
Eine Ricke mit Kitz steht äsend am Feldes Rand
Von der Kapelle hoch oben schweift mein Blick übers Land
Fruchtbar und schön ist mein von Gott gesegnetes Heimatland

Anne Michel

Der Melibokus

Der Melibokus, Blickachse im Osten
Spaziergänge auf vertrauten Wegen
Stille Wege - wahre Schätze
nach der Tageshetze man mit der Seele Zwiesprache führt

Spaziergänge auf vertrauten Wegen
leise säuselt der Wind
nach der Tageshetze man mit der Seele Zwiesprache führt
Sonnenstrahlen, Vogelgesang - ach wie hold

leise säuselt der Wind
seichte Wellen, kleine Muscheln
Sonnenaufgang am Ufer des Rheins
Stille Wege - wahre Schätze

seichte Wellen, kleine Muscheln
Fußspuren im Sand, kleine Kiesel
Sonnenaufgang am Ufer des Rheins
Der Habicht seine Kreise zieht.

Fußspuren im Sand, kleine Kiesel

Espen rauschen,

der Habicht seine Kreise zieht

Kinderlachen aus der Ferne

Espen rauschen

Der Melibokus - Blickachse im Osten

Kinderlachen aus der Ferne

Stille Wege - wahre Schätze.

Marita Gordner

Herkunft

Eine Liebeserklärung an Pfeddersheim

Pfeddersheim, der Ort, in dem ich meine Kindheit und Jugend verbrachte, ist meine Herkunft und die meiner gesamten Familie.

Auf die Frage „Woher kommst du?" antworte ich beharrlich: „Ich komme aus Pfeddersheim." Verwunderung, malt sich jedes Mal auf den Gesichtern der Fragenden ab. „Pfeddersheim, wo liegt das?" „Im südlichen Wonnegau, nicht weit von Worms am Rhein entfernt," kläre ich die Ahnungslosen auf. Und stelle gleich die Gegenfrage: „Du kennst die ehemalige freie Reichstadt mit ihrer wechselvollen Geschichte nicht?" „Worms kenne ich, aber von Pfeddersheim habe ich noch niemals gehört," bekomme ich dann meist etwas verschämt zur Antwort.

Wenn ich ehrlich bin, muss ich zuzugeben, dass es keine allzu große Bildungslücke ist, sich kein Wissen über „mein Pfeddersheim" und seine leidvolle Geschichte angeeignet zu haben. Aber ich kenne und liebe die wechselvolle Vergangenheit meines Herkunftsortes.

Mir imponiert die abtrünnige Stadtbevölkerung, die sich den rebellierenden Bauern angeschlossen hatte, und unter der Flagge des Bundschuhs gegen die Obrigkeit und den Adel für Freiheit und Gleichberechtigung kämpfte. Bei genauerem Hinsehen findet man auch bei mir die latent vorhandene Bereitschaft zur Rebellion. An meinen

Freundinnen und einigen Familienangehörigen entdecke ich diese Veranlagung ebenfalls. Vielleicht ist das Rebellische den meisten Pfeddersheimern gemein. Wer weiß?

Die Bauernschlacht von 1525 bei Pfeddersheim ist in allen Geschichtsbüchern vermerkt. Sie forderte unter den hoffnungslos unterlegenen Bauern und Bürgern einen unvorstellbaren Blutzoll. Der Sieg der Obrigkeiten beendete den Bauernaufstand und die kurzzeitige Hoffnung auf mehr Freiheiten und ein würdevolleres Leben.

Die abgeschlachteten Bauern wurden eilig in Massengräbern verscharrt. Eines davon fand man bei der Renovierung der katholischen Kirche. Für die Fundamente der neuen Sakristei zogen Bauarbeiter neben dem Gotteshaus tiefe Gräben. Das Entsetzen war groß, als sie bemerkten, dass sie zusammen mit Erde und Schutt zusätzlich menschliche Knochen zutage förderten. Niemand hatte sie auf diese Möglichkeit vorbereitet, da in keinem kirchlichen oder städtischen Register ein Hinweis auf ein Massengrab an dieser Stelle vorhanden war.

Meterhoch, über- und durcheinander lagen die Gebeine in der Erde. Anhand der Position der Knochen war erkennbar, dass die Leichen damals wahllos in hastig ausgehobene Löcher geworfen worden waren.

Ich erinnere mich, in meiner Kindheit vor der Wand mit den unzähligen Skeletten gestanden zu haben. Schaurig anzusehen, die bleichen Schädel mit den leeren Augenhöhlen und den manchmal noch vollständig erhaltenen

Gebissen. Alle vorhandenen Knochen, die es im menschlichen Körper gibt, lagen offen und auf eine bizarre Art zur Schau gestellt, vor den erstaunten Bürgern.

Tief in mir regte sich Mitleid mit den längst Verblichenen. Wut und Aufsässigkeit breiteten sich in mir aus. Und das Unverständnis darüber, dass man dem damaligen dritten Stand jedwedes Recht und ein Minimum an Menschenwürde rigoros verweigerte.

Würde ich Ahnenforschung betreiben, käme womöglich heraus, dass es die Vorfahren meiner Familie waren, die für eine aussichtslose Sache kämpften und wegen ihrer Überzeugung starben.

Die Vorstellung, dass einer unserer Urahnen der damaligen Obrigkeit mit einem Dreschflegel aufs Haupt geschlagen hat, erfüllt mich mit Befriedigung. Überaus stolz auf den wackeren Kämpen wäre ich auf jeden Fall.

Mein Kopfkino startet wie von selbst. Der Film, der vor meinem inneren Auge abläuft, zeichnet einen Hergang der Schlacht, deren Verlauf und Ausgang im krassen Gegensatz zu den historischen Fakten stehen. Die Fiktion von einem heroischen Sieg der Aufständischen würde selbst heute noch, jedes Pfeddersheimer Herz erfreuen und mit Genugtuung erfüllen. Schade, dass diese Darstellung ausschließlich meiner blühenden Fantasie geschuldet ist!

Herkunft sind für mich die mittelalterlichen Gassen, gesäumt von windschiefen Häuschen, die sich dicht an dicht entlang der Stadtmauer drängen, die Simultankirche, geteilt durch den Kirchturm in die evangelische und die katholische Kirche, der wunderschöne Platz davor, auf dem ich so oft mit meinen Freundinnen spielte, mit seinem uralten Baumbestand, an dessen Ende das katholische Pfarrhaus steht. Auf den Treppen des imposanten Barockgebäudes standen schon unzählige Erstkommunionkinder, bereit in die Linse des Fotografen zu lächeln. Auch ich stand dort stolz mit einer Kerze in der Hand. So wie meine Mutter, meine Tanten und Cousinen und meine Brüder. Auch das ist Herkunft.

An der anderen Seite des Kirchenplatzes stand die „Alte Schule". Dort wurden schon Pfeddersheimer Kinder unterrichtet in einer Zeit, als der Lehrer noch Schulmeister genannt wurde. Bilder von der Einschulung meiner Eltern gleichen dem Bild von meinem ersten Schultag. Gleichfalls stehen sie auf der Treppe des altehrwürdigen Schulhauses, das sich in keiner Weise verändert zu haben scheint.

Ein Ungetüm von einem Ofen stand in einer Mulde im Flur, schwarz, gewaltig und mit einem Gitter gesichert. Im Winter schaufelte ein Mitarbeiter der Gemeinde riesige Mengen von Koks in seinen gierigen Schlund. Warm wurde es trotzdem oftmals nicht. Ich erinnere mich an viele Tage, an denen wir in unseren Jacken mit eiskalten Händen in den Bänken saßen und gebannt auf die Schönheit der sich verändernden Eisblumen an den Fenstern starrten. Selbst diese Erinnerungen sind Herkunft!

Herkunft ist gleichwohl das damals streng geregelte Zusammenleben in der Gemeinde. Das fehlende Mitspracherecht der Kinder, ihre Bedeutungslosigkeit.

Zu ertragen, dass jeder jeden kennt. Mit allen Konsequenzen, Nach- und Vorteilen, die sich daraus ergeben. Da passierte es schon mal, dass mir unterwegs auf der Straße zugerufen wurde: „Mach, dass du nach Hause kommst. Deine Mutter sucht dich!"

War ich außer Hörweite der selbsternannten Hüterin von Ordnung und Recht, leider gab es davon ein ganzes Rudel, murrte ich meistens vor mich hin: „Wenn ich groß bin, ziehe ich in die Stadt. Da kennt mich niemand und ich habe endlich meine Ruhe!"

Die Absicht, das Hasenpanier zu ergreifen, revidierte ich schnellstens, wenn eine freundliche Nachbarin mir ein Schälchen mit Beeren in die Hand drückte und augenzwinkernd bemerkte: „Du isst doch so gerne Himbeeren." Spätestens dann kam mir der Gedanke, dass es gar nicht so übel ist, in Pfeddersheim zu leben. Selbst das ist Herkunft.

Herkunft ist nicht zuletzt meine Freundin Claudia, mit der ich ungebunden und frei durch den Ort, durch Feld und Flur streifte. Das ehrwürdige Denkmal auf dem alten Friedhof, auf dessen Stufen wir so oft saßen und über Gott und die Welt redeten, spielt dabei eine außergewöhnlich große Rolle. Über alle Maßen liebten wir diesen stillen und magischen Ort, an dem wir ungestört waren und ausschließlich ohne Wenn und Aber uns selbst gehörten.

Herkunft ist auch als „katholischer Kreuzkopp" in einer Gemeinde aufzuwachsen, in der die Bevölkerung überwiegend evangelisch ist. Mit Eltern, die durch verschiedene Religionszugehörigkeiten eine „Mischehe" eingegangen waren und diese sichtbar lebten. Unsere Mutter war gläubige, praktizierende Katholikin und Küsterin von Maria Himmelfahrt, auf der anderen Seite mein Vater das gegensätzliche Pendant, der als Protestant die Überzeugung vertrat, dass jeder Mensch selbst entscheiden solle und müsse, woran er glauben will oder auch nicht. Für ihn war die Spaltung der Christenheit ein unnötiges Übel, weil er der festen Überzeugung war, dass der Gott der Katholiken und Protestanten der gleiche sei. Der Unterschied zwischen den beiden Konfessionen bestand für ihn nur in der Art, wie die jeweilige Religion ausgeübt wird.

Die nicht vorhandene Toleranz in Bezug auf Andersgläubige, oder war es doch eher Ignoranz der Großeltern, die mütterlicherseits strenggläubige Katholiken, und väterlicherseits nicht praktizierende Protestanten waren, gehört untrennbar zur Wahrheit über meine Herkunft. Und wie bitter das Zusammenleben mit den Großeltern dadurch manchmal war!

„Herkunft" ist gleichfalls der neue Friedhof, außerhalb des Ortes gelegen, welcher mit seiner Stille und den liebevoll gepflegten Gräbern kein Ort des Schreckens für mich war. Regelmäßig besuchten wir die letzten Ruhestätten unserer Vorfahren und verwandten Personen, Menschen, die ich niemals kennengelernt hatte, weil sie schon lange vor meiner Geburt verstorben waren. Und doch hatte ich einige Kenntnisse über ihr Leben, fühlte mich ihnen nahe, weil in der Familie über sie berichtet wurde und sie dadurch unvergessen waren.

Zu wissen dort in Pfeddersheim war ich zuhause. Da wohnten die Menschen, die mich liebten, mit denen ich stritt und mich wieder versöhnte. Von denen ich in der Gestalt einer eigenständigen Persönlichkeit wahrgenommen wurde, die mich achteten und auf mich achthatten, mir das Gefühl vermittelten, Teil eines funktionierenden Gemeindelebens zu sein. Ich war eingebunden in das soziale Umfeld, in das rege Vereinsleben der kleinen Stadt.

Dort sind meine Wurzeln, dort wurde der Grundstein zu dem gelegt, was und wie ich heute bin.

All das ist Herkunft und unendlich vieles mehr!

Anne Michel

Eine Kriegshochzeit 1944

Mein Vater kam 1942 als Soldat nach Osthofen. Tachau im Sudetenland war seine Heimat, er war 1917 geboren und der zweitjüngste von insgesamt fünf Söhnen. Seine Eltern lebten von der Perlmuttschleiferei, einem kleinen Familienbetrieb. Auch mein Vater erlernte das Handwerk des Perlmuttschleifers, krankenversichert war damals niemand in der Familie.

In Osthofen war er wie viele Soldaten in Rheinhessen bei einer Familie mit einem kleinen Bauernhof auf der Friedrich-Ebert-Straße einquartiert. Er hatte Kost und Logis frei und half bei der täglichen Arbeit auf dem Hof und im Feld.

Meine Mutter war fünf Jahre jünger als er. Sie war die älteste von zwei Töchtern. Die Familie wohnte im Flutgraben. Eines Tages erfuhr Mutter von ihrer Freundin Katharina, dass ein Soldat bei Familie Dittmann eingezogen sei. In den Kriegsjahren gab es einen Mangel an Männern im heiratsfähigen Alter. Also war das Interesse und die Neugier entsprechend groß, einen geeigneten Partner kennenzulernen. Gemeinsam mit ihrer Freundin besuchte sie die Familie. Auch der junge Soldat fand schon bald Sympathie und Interesse an der jungen Margot aus der Nachbarschaft. Sie verabredeten sich, gemeinsam spazierten sie auf der Hauptstraße in Osthofen auf und ab, in der es ein paar Geschäfte und Schaufenster gab. Da gab es zum Beispiel das Kolonialwarengeschäft Heimberger, das Lebensmittellädchen der Familie Nuss, in dem es auch

Spielsachen gab, das Schuhgeschäft von Walter Assmann und das Bekleidungsgeschäft Schütz und Dörr gegenüber von der Kohlenhandlung Stephan, um nur einige zu nennen. Nach einem dreiviertel Jahr wurde der junge Soldat nach Gau Bickelheim versetzt und somit konnte sich das junge Paar nur noch selten sehen. An seinem freien Tag sonntags fuhr er mit dem Fahrrad von Gau Bickelheim nach Osthofen, was mit einiger Mühe verbunden war, denn ein Fahrrad mit Gangschaltung gab es nicht. Aber die Liebe war so groß, dass er die Mühe auf sich nahm.

Im Spätjahr 1943 verbrachte der Soldat Anton seinen Urlaub bei seinen Eltern in Tachau, meine Mutter reiste mit, um die Familie kennenzulernen. Schließlich hatte sich ihre Freundschaft zu einer festen Beziehung entwickelt - man schmiedete gemeinsame Zukunftspläne. Im Sudetenland gefiel es ihr sehr gut und die Sympathie zu der zukünftigen Schwiegermutter und Familie war auch da, eine zweite Frau in einem männerdominierten Haushalt war willkommen. So wurde Verlobung gefeiert. Drei Wochen später fuhr meine Mutter wieder heimwärts nach Rheinhessen. Mit der Bahn ging es durch eine wunderschöne Landschaft und viele grüne Wälder. Zu Hause träumte sie von ihrer Zukunft im schönen Sudetenland. Ihr Verlobter wurde in den Krieg eingezogen, doch bald stellte sie fest, dass sie ein Kind unter ihrem Herzen trug. Mein Vater bekam einen Eilbrief per Feldpost und dem Sonderurlaub stand nichts mehr im Wege. Am 13. November 1943 heiratete die beiden.

Das Brautpaar lief gemeinsam mit der kleinen Hochzeits-gesellschaft hoch zur Bergkirche in Osthofen. Mein Vater trug seine Uniform, meine Mutter einen Chrysanthe-menstrauß im Arm und ihr schwarzes Konfirmations-kleid. Weil sie bereits schwanger war, durfte sie nicht in weiß heiraten. So waren die Vorschriften damals. Nach dem bescheidenen Hochzeitsfest und ein paar Tagen Ur-laub musste mein Vater zurück zu seiner Einheit.

Im Februar 1944 verstarb plötzlich sein Vater im Sudeten-land im Alter von nur 56 Jahren. Er bekam noch einmal zur Beerdigung Heimaturlaub. Es sollte sein letzter für viele Jahre sein, das wusste jedoch zu dieser Zeit noch nie-mand. Meine Mutter lebte weiterhin in Osthofen bei ihren Eltern und ihrer neunjährigen Schwester Brigitte. Eine ge-meinsame Zukunft gab es vorerst nicht, jeder ersehnte das Ende des Krieges und eine gemeinsame Zukunft in Tachau herbei. Der Krieg kam immer näher. Nun wurden auch die Luftangriffe über Rheinhessen immer häufiger. Alles musste abends verdunkelt werden. Fenster und Tü-ren wurden mit Decken gut abgedichtet, so dass keinerlei Licht einen Wohnort erkennbar machen würde, um Ziel eines Bombenangriffs zu werden.

Immer öfter gab es Fliegeralarm, oftmals in der Nacht und die Familie flüchtete in ihren Gewölbekeller. Nachbarn, die keinen Gewölbekeller besaßen, wurden auch aufge-nommen. Es stand ein Bett für den dreiundsiebzigjähri-gen Großvater bereit, der schon recht altersschwach war. Er kam zusammen mit der Großmutter vom Ziegelhüt-

tenweg auch in den Schutz des Kellers. Es war ein Fußmarsch von etwa fünfzehn Minuten.

Am Abend des 13.Mai 1944 hörte meine Mutter ein lautes
Geräusch, dass sich wie ein Schnellzug vor dem Haus an-
hörte, so erzählte sie später, Die Familie befand sich wie
jeden Abend in der warmen Küche. Im Herd knisterte be-
haglich das Feuer, das Wasserschiffchen pfiff dazu. Es
sollte ein gemütlicher Spieleabend werden, doch eine
Bombe schlug einige Straßen weiter in der Nachbarschaft
ein. Der Schreck war so groß, dass er bei meiner Mutter
die Wehen auslöste.

Mein Opa fuhr mit dem Fahrrad zur Hebamme, die einige
Zeit später eintraf. In den frühen Morgenstunden des 14.
Mai erblickte meine Schwester Gisela das Licht der Welt,
vier Wochen zu früh, entsprechend klein und zart, aber
gesund und mit starkem Saugreflex und Lebenswillen.

An einem Mittwoch hielt der frischgebackene junge Vater
ungläubig den Brief in seinen Händen. Eine gesunde
Tochter Namens Gisela war geboren. Gesund war das
ausschlaggebende Wort, das seinen Vorgesetzten dazu
veranlasste, dass er erst am Wochenende seinen Heimaturlaub antreten konnte und nicht sofort. Von nun an lebte
mein Vater nur noch für den kommenden Samstag und
die bevorstehende Heimreise, die Freude und Sehnsucht
war entsprechend groß. Die Zeiten an der Front wurden
immer unruhiger. Oft geriet die Einheit in Beschuss, der
Feind rückte täglich näher. Freitags wurde die Truppe aus
dem Hinterhalt angegriffen und viele Soldaten gerieten in

Gefangenschaft, auch mein Vater saß nun in einem Wagen, der ihn nach Sibirien brachte und nicht zu seiner ersehnten Familie.

Meine Mutter wartete zu Hause auf ein Lebenszeichen von ihrem Mann, aber sie hörte lange Zeit nichts von ihm. Erst zwei Jahre später kam ein erster Brief aus Russland, in dem stand, dass er in Gefangenschaft sei und bald nach Hause käme. Meine Mutter sucht nach einer geeigneten kleinen Wohnung, denn die Platzverhältnisse in ihrem Elternhaus waren ohnehin schon sehr eng. Wohnungen gab es jedoch in den Nachkriegsjahren so gut wie keine, viele Flüchtlinge aus Ostpreußen, Schlesien, Polen und dem Sudetenland mussten nach dem Kriegsende aufgenommen und untergebracht werden.

Doch dann hatte meine Mutter doch noch Glück. Es fand sich eine Wohngelegenheit in der Nachbarschaft auf der Friedrich-Ebert-Straße 94 bei Familie Edling. Sie konnten eine Küche und ein Schlafzimmer bekommen. Die Küche war im Flur der Bauernfamilie notdürftig eingerichtet worden. Dort gab es einen Küchenherd, einen Küchenschrank, einen Tisch und drei Stühle. Die Toilette lag über dem Hof neben der Mistkaut, ein Plumpsklo, wie es zu dieser Zeit üblich war. Die dreijährige Gisela fühlte sich fremd in der neuen Wohnung, Bei jeder Gelegenheit lief sie zu ihrer Oma zurück in den Flutgraben und wurde dann vermisst, gesucht, gefunden, geschimpft und manchmal auch gestraft. Tagsüber war sie nun im Kindergarten und meine Mutter verdiente bei der Firma

Wander in Osthofen ihren Lebensunterhalt. Firma Wander stellte Ovomaltine her und hatte eine Abteilung zum Verpacken von Medikamenten, dort arbeitete meine Mutter. Das Warten auf den geliebten Ehemann und Vater nahm kein Ende, wieder und wieder musste sie sich in Geduld üben.

Dann endlich stand an einem Spätnachmittag im Oktober 1949 ein abgemagerter in Lumpen gekleideter fremder Mann mit einem Köfferchen aus Holz in der Hand vor dem Hoftor meiner Großeltern, Die neue Adresse kannte er nicht. Doch schnell fand er den Weg zu seiner Frau und seiner kleinen Tochter.

Die Überraschung und Freude waren groß, aber schon bald wurde die Familie auch von der Realität eingeholt. Mein Vater wollte sich nach den vielen Jahren des Hungerns und der Entbehrung endlich einmal richtig satt essen, aber Nahrungsmittel gab nur über Lebensmittelkarten. Man musste sie einteilen, wenn das Essen ein paar Tage reichen sollte. Das wiederum fiel dem abgemagerten Spätheimkehrer schwer, am liebsten hätte er alles gleich aufgegessen. Es gab Streit, die kleine Gisela hatte Angst vor dem fremden Mann mit den eingefallenen Wangen und dem ernsten Blick. Das Paar war sich fremd geworden in all den Jahren. Mein Vater war traumatisiert von Krieg und fünfeinhalb Jahren russischer Gefangenschaft, dem Hunger, der Kälte in schlecht beheizten Baracken und den vielen Kameraden, die an Erfrierungen und der Ruhr gestorben waren. Meine Mutter war inzwischen an ihre Selbstständigkeit gewöhnt und mein Vater aus einer männerdominierten Familie stammend, wollte alles bestimmen und den Ton angeben. Es gab oft Streit.

Im November 1951 wurde mein Bruder Werner geboren. Vater arbeitet inzwischen in Rheindürkheim bei der Firma Strohstoff im Dreischichtbetrieb.

1952 wurde ein neues Baugebiet in Osthofen erschlossen und mein Vater kaufte einen Bauplatz. 1953 zog seine Mutter auch nach Osthofen. Sie wohnte seit der Heimatvertreibung 1945 mit dreien ihrer Söhne in Weiden in der Oberpfalz. Auch sie lebte nun in den ohnehin schon engen Wohnverhältnissen bei der inzwischen gewachsenen Familie. Mein Vater arbeitete inzwischen in der Firma Wander in Osthofen, so sparte er sich den mühseligen Weg mit dem Fahrrad nach Rheindürkheim.

Endlich war der Bauplan für das Haus fertig. Zuerst grub mein Vater gemeinsam mit seinem Schwiegervater die Kellerwände aus. Sie wurden mit möglichst vielen Steinen aufgefüllt, so dass Beton gespart werden konnte. Mit einem Schubkarren wurden in der gesamten Gegend Steine eingesammelt. Das war die Aufgabe der Frauen. Es war eine extrem arbeitsreiche und harte Zeit für meine Eltern, eine Speismaschine gab es nicht. 1954 konnte die Familie in ihr Haus einziehen, an dem es noch viel Arbeit gab.

Im Keller stand ein Waschkessel zum Aufheizen des Badewassers und die Badewanne. Ein Bad im Haus gab es noch nicht, aber zwei Toiletten, im Erdgeschoss und im ersten Stock unter dem Dach, was damals schon ein Luxus war - zwei Toiletten!

Im Keller wurde auch die Wäsche gewaschen. Alle vierzehn Tage war montags Waschtag, Um 6.30 Uhr heizte meine Mutter zuerst den Kessel auf und füllte mit Eimern das Wasser nach. Danach wurde zuerst die weiße Kochwäsche gewaschen, dann war die Buntwäsche wie Kleider, Blusen, Kittelschürzen und Hemden an der Reihe, zuletzt wurde die dunkelblaue Arbeitskleidung meines Vaters über Nacht eingeweicht. Das Waschen fand immer an zwei Tagen statt und alles musste nach dem Waschen im Kessel noch in Bütten mit klarem Wasser ausgewaschen und geschleudert werden. Die Schleuder hüpfte gerne, wenn sie lief, durch den Keller. Danach wurde die Wäsche im Garten an einer langen Wäscheleine aufgehängt. Donnerstags war Bügel- und Flicktag, kleine Risse in der Kleidung oder beginnende Löcher in den Strümpfen wurden sofort ausgebessert, bevor der Schaden größer wurde. Kleidung wurde sorgfältig behandelt. Das Geld war immer knapp. Die monatlichen Raten und Rücklagen für eventuelle Reparaturen am Haus und den Winterbrand wie Holz, Eierkohle und Briketts wurden zurückgelegt.

Die Familie lebte als Selbstversorger. Meine Oma aus dem Sudetenland, von allen „Mutter" genannt, legte die Beete an. Mutter lernte viel von ihr, so erzählte sie später. Viele Obstbäume wie Äpfel, Birnen, Zwetschgen, Mirabellen, Kirschen, Quitten und ein Nussbaum wurden gepflanzt und alles Obst wurde eingeweckt, zu Marmelade oder

Gelee verarbeitet. Sauerkraut und Gurken wurden ebenfalls eingelegt.

Sonntags besuchten uns meine Großeltern aus dem Flutgraben. Es wurde Bohnenkaffee gebrüht, der herrlich duftete und den es nur sonntags gab. Die Bohnen wurden vorher immer frisch mit der Kaffeemühle gemahlen.

Im Frühjahr 1959 bemerkte meine Mutter, dass sie wieder schwanger war und am 19. September 1959 erblickte ich das Licht der Welt. Es war an einem Samstag. Meine Schwester Gisela arbeitete als Arzthelferin bei unserem Hausarzt Dr. Gerkhardt, mein achtjähriger Bruder Werner ging zur Schule. In den frühen Morgenstunden fuhr mein Vater mit dem Fahrrad in die Vorstadt, um die Hebamme zu informieren. Sie wohnte dort seit ihrer Flucht aus Pommern. Auch sie kam mit ihrem Fahrrad und einem Köfferchen. Zu Hause war bereits der Küchenherd angeheizt „Mutter" hatte einen großen Topf Wasser aufgeheizt. Dies war nun die Stunde der Frauen, mein Vater zog sich in seinen Garten zurück. Beim Hacken der Beete fühlte er sich wohler und die Zeit verging schneller. Mittags gegen 13 Uhr war es dann so weit, aus dem Haus in der Saarstraße Nr. 9 konnte man das Schreien eines Neugeborenen hören.

Unsere „Mutter" aus dem Sudetenland verstarb im März 1963 im Alter von 76 Jahren und war ein großer Verlust für die Familie.

Marita Gordner

Zusammenleben in der Nachkriegszeit

Auch 15 Jahre nach Kriegsende sind überall noch die verheerenden Folgen zu sehen und zu spüren. Die grauenvollen Erlebnisse haben das Zusammenleben der Menschen erheblich und nachhaltig verändert.

Die Wohnungsnot ist groß. Viele Häuser sind noch zerstört oder nur teilweise bewohnbar. Oftmals wurde auch noch ein Zimmer für eine der vielen Flüchtlingsfamilien beschlagnahmt. Dann wohnt zwangsweise, eine fremde vierköpfige Familie in einem Zimmer. Mit vielen anderen Bewohnern teilen sie sich nun eine Küche und das Plumpsklo. Alle müssen sich einschränken, und sich trotz aller Gegensätzlichkeit respektieren. Das klappt nicht immer und es kommt zu Streitigkeiten. Meist beruhigt sich die Situation wieder, wenn der erste Ärger abgeflaut ist. Dann sind alle wieder glücklich, ein Dach über dem Kopf zu haben.

Einen Arzt, eine Hebamme und eine Apotheke gibt es ja auch. Die Liste der Segnungen, die der Frieden gebracht hat, ist lang. Im Prinzip kann man auch alles wieder kaufen. Den meisten fehlt das Geld dazu. Die Währungsreform hat das Ersparte auf das Minimum beschränkt. Jammern hilft nicht. Positiv denken, lautet die Devise.

Die Menschen haben das Grauen überlebt. Manche mit sichtbaren, andere mit unsichtbaren Verletzungen. Über die Letzteren spricht niemand. Traumatisiert sind die meisten. Hilfe gibt es für die physischen Leiden, für die

Psychischen nicht. Die bewältigt jeder selbst. Oder auch nicht. Männer schreien des Nachts im Schlaf und fantasieren von Schützengräben und Panzern, die über sie hinwegrollen. Die Frauen erwachen schweißgebadet und fuchteln wild mit den Armen und Beinen durch die Luft, um fiktive, abgestumpfte Bestien abzuwehren. Dann ist es das größte Glück, einen Partner an der Seite zu haben, von ihm in den Arm genommen zu werden, mit der Versicherung: „Es ist vorbei. Niemand kann dir etwas antun." Morgens, wenn es hell wird, sind die dunklen Dämonen der Nacht verschwunden und die Menschen sehen wieder klar und optimistisch in die Zukunft.

Lebensmittel sind ein hohes Gut. Nichts wird verschwendet oder gar weggeworfen. Fast alle Einwohner haben einen Garten. Darin wird alles angebaut, was man zum Lebensunterhalt braucht. Die Ernten sind vielfältiger geworden. Der Speisezettel hat sich durch die Flüchtlinge aus dem Osten erweitert und bereichert. Man lernt voneinander und miteinander. Man teilt und tauscht seine Erzeugnisse. Jeder bringt seine individuellen Fähigkeiten in gemeinschaftliche Projekte sein.

Es ist beruhigend und schön sich in der Geborgenheit der Mitmenschen zu wissen. Keine Angst mehr zu haben und im stetigen Wechsel der Jahreszeiten zu leben. Sich wieder zu freuen, auf den Frühling, den Sommer, den Herbst und den Winter. Friedlich zu leben im Einklang mit der Natur, die seit jeher das Zusammenleben mit den Menschen vorgibt.

Es ist so heilsam zu sehen, wie sich die verwüstete Erde durch die gemeinschaftliche Arbeit der Menschen in eine blühende Landschaft verwandelt.

 Anne Michel

Die Sprachlosigkeit meines Vaters

In meiner Kindheit wurde alles, was mit dem Zweiten Weltkrieg zu tun hatte, totgeschwiegen. Man tat so, als hätte es diese verheerende Zeit niemals gegeben.

Man redete nicht über den Nationalsozialismus. Über die Judenverfolgung und die ethnischen Säuberungen sprach man schon gar nicht. In der Schule endete der Geschichtsunterricht bei der Weimarer Republik.

Das Spärliche, was ich über diese Zeit weiß, verdanke ich den Erzählungen meiner Oma.

Dass mein Vater schwer traumatisiert aus dem Krieg zurückgekommen ist, kann ich mit Bestimmtheit sagen.

Ich stelle mir einen 18-jährigen jungen Mann vor, an der Schwelle zum Erwachsen werden, mit Träumen und Zielen. Einen Jugendlichen, geboren 1925, der in puncto Erziehung die volle Breitseite der Nazi-Ideologie mitbekommen hat. Einen äußerst sensiblen Menschen, der durch seine persönliche Geschichte ohnehin nicht der psychisch Stabilste war.

Diesem jungen Mann drückte man ein Gewehr in die Hand, transportierte ihn wie ein Stück Vieh in einem Güterwagon nach Frankreich, damit er dort gegen die Erbfeinde des Großdeutschen Reiches kämpft.

Ich stelle mir einen innerlich zerrissenen Jüngling vor, der nicht begreift, warum und weshalb er auf Menschen schießen soll. Sie zu verletzen, oder in letzter Konsequenz töten soll. Ich erinnere mich nicht, jemals gesehen zu haben, dass mein Vater ein Tier getötet, es schlecht behandelt oder verletzt hätte.

Auch erinnere ich mich nicht, dass er sich, in irgendeiner Art und Weise, abwertend über Menschen anderer Religionen, Nationalitäten, Kulturen oder ethnischen Minderheiten geäußert hätte.

Dafür erinnere ich mich aber sehr gut, wie er mich einmal zusammenstauchte, weil ich einen Abzählreim, den ich auf der Straße aufgeschnappt hatte, nachgesungen hatte. Dieser Reim handelte von einem Juden, der darin in einer sehr verunglimpfenden Art und Weise dargestellt wurde. Auch über Juden sprach man nicht. Ich kannte keine Juden. Ich kannte die Juden aus der Bibel. Aber dort nannte man sie die Israeliten. Ich hätte diese niemals mit dem Juden in dem Reim in Verbindung gebracht.

Er packte mich unsanft am Arm und sagte drohend: „Nie mehr will ich hören, dass du so ein abscheuliches Lied singst. Nie mehr. Hast du mich verstanden?" Sprach's, ging ins Haus und ließ mich verwirrt zurück. Ich hörte ihn noch murmeln: „Man hat ja gesehen, was dabei herauskam."

Ich befragte die Pflegemutter meines Vaters. Und sie erzählte von fürchterlichen Ereignissen: Von der Reichskristallnacht, als man die Wohnungseinrichtungen der jüdischen Nachbarn aus dem Fenster warf und anzündete. Von behinderten Menschen, die abgeholt wurden und nie mehr zurückkehrten.

„Dein Vater wurde 1946 krank an Leib und Seele aus der Kriegsgefangenschaft entlassen. Die Kleidung schlotterte um seinen mageren Körper." Ihre Stimme wurde sehr leise und brüchig. „Und jetzt schweig still. Ich will nicht mehr darüber reden. War ohnehin schon zu viel, was ich gesagt habe."

Anne Michel

1959 – oder als ich das Licht der Welt erblickte

In Osthofen begann das Jahr 1959 friedlich. Die Hungerjahre waren vorüber. Meine Eltern lebten als Selbstversorger in ihrem Haus, das sie mit viel Arbeit und Entbehrung gebaut hatten. Sie hatten einen großen Garten, ein paar Hühner und Kaninchen für den Sonntagsbraten.

Oma Maria aus dem Sudetenland, von allen „Mutter" genannt, lebte gemeinsam mit meiner 15 Jahren älteren Schwester Gisela und meinem 8 Jahre älteren Bruder Werner in der Familie. Das Haus stand damals am Ortsrand von Osthofen, etwas weiter begannen Äcker und Weizenfelder sich auszubreiten.

Seit Februar wusste meine Mutter, dass sie schwanger war. Ich war also unterwegs.

Wie in jedem Jahr wurden im Frühjahr gemeinsam die Beete angelegt. Mutter half so gut sie konnte. Eine der Aufgaben unseres Vaters war es, die Bohnenstangen in die Erde zu bringen. Kletterbohnen durften im Garten nicht fehlen. Bohneneintopf mit Speck war eines von Vaters Lieblingsgerichten. Unsere Oma liebte die Arbeit im Garten. Täglich lockerte sie die Erde mit der Harke auf, Unkraut hatte bei ihr keine Chance. Das Frühjahr verging schnell und im Juni spross und blühte es überall.

Es sollte ein Jahrhundertsommer werden, aber davon ahnte im Juni noch niemand etwas. Im Juli und August litt die Ernte genauso wie das Vieh unter der großen Hitze. Dabei hatten die Anwohner der Saarstraße noch

Glück, denn am Ende des Gartens verlief der Seebach und somit war immer ausreichend Wasser zum Gießen vorhanden.

Ab Juli waren in den frühen Morgenstunden laute Motorengeräusche aus der Ferne zu hören. Mähdrescher zogen laut dröhnend über die Weizenfelder. In der flimmernden Mittagshitze glänzten die stählernen Riesen wie Ungetüme, immer mit einer großen Staubwolke und ein paar Störchen im Schlepptau. In den frühen Morgenstunden des 19. September setzten bei meiner Mutter die Wehen ein. Vater schwang sich auf sein Fahrrad und fuhr in die Vorstadt, denn dort wohnte die Hebamme, die den Osthofener Kindern zum Licht der Welt verhalf.

Kurze Zeit später fuhr sie ebenfalls mit dem Fahrrad heraus aus der Vorstadt, vorbei am Bahnhof und rechts durch die Unterführung. danach begann das Neubaugebiet, das damals von vielen „das Korea" genannt wurde, weil es zur Zeit des Koreakrieges gebaut worden war.

Sie fuhr mit ihrem Fahrrad über holperigen Schotter und durch Schlaglöcher, denn Straßen gab es noch nicht überall. Im Osten ging bereits die Sonne auf. Die Hügel der Bergstraße hoben sich wie Scherenschnitte vom Horizont ab. Es sollte ein warmer und sonniger Tag werden. Die Vögel zwitscherten ihre Lieder.

Zu Hause war bereits der Küchenherd angefeuert. Oma Maria hatte einen großen Topf Wasser aufgestellt. Endlich klingelte es und die Hebamme traf ein. Vater empfing sie mit großer Erleichterung und zwei Flaschen Wein, danach verschwand er in den Garten.

Dies war nun die Stunde der Frauen - Männer waren draußen besser aufgehoben.

Gegen Mittag wollte es mit der Geburt nicht so recht vorangehen. Inzwischen war meine Schwester Gisela zu Hause angekommen. Sie arbeitete als Sprechstundenhilfe bei unserem Hausarzt Dr. Gerkhardt. Samstags hatte sie um 13 Uhr Feierabend. Die Hebamme schickte sie sogleich wieder zurück, da die Geburt schwierig wurde. Völlig aufgelöst fuhr Gisela mit ihrem Fahrrad zurück, um den Arzt zu benachrichtigen. Als sie wieder nach Hause zurückkehrte, konnte sie am Hoftor das Geschrei eines Neugeborenen hören und war sehr erleichtert. Ich war also geboren, am 19.09.1959 gegen 13.30 Uhr.

Dr. Gerkhardt fand Mutter und Kind gesund vor. Nach einer Untersuchung konnte er wieder nach Hause fahren. Jetzt traute sich auch mein Vater wieder ins Haus.

Nachdem die Hebamme Mutter und Kind gut versorgt hatte, verabschiedete sie sich erschöpft und erleichtert. Sie verstaute eine Flasche Wein in ihre Tasche, zum Erstaunen meiner Eltern hatte sie die zweite Flasche bereit leer getrunken.

Bei mancher Familienfeier trug diese kleine Anekdote oftmals zur Erheiterung bei.

Marita Gordner

Dorfleben

Kaffeeklatsch bei Oma

Beim Aufräumen einer Kommode fiel mir die gemusterte Kaffeedose in weinrot wieder in die Hände. Ich erinnere mich noch gut daran, als meine Mutter mit dieser Dose von einem ihrer Einkaufstage aus Worms nach Hause kam. Damals ging ich noch zur Grundschule. Freudestrahlend packte sie das schöne Stück von Tchibo aus ihrer Einkauftasche. Die Dose war mit Kaffeebohnen gefüllt, die aromatisch und frisch geröstet dufteten.

Überhaupt verknüpfe ich mit Kaffee viele schöne Erinnerungen. Immer wenn ich das Geräusch unserer Kaffeemühle hörte, wusste ich, dass Sonntag ist. Bohnenkaffee gab es nur sonntags und er wurde stets vor dem Aufbrühen frisch gemahlen. Damals muss ich etwa fünf Jahre alt gewesen sein, meistens lag ich noch in meinem Bett. Mein Zimmer befand sich direkt über unserer Küche und die Sonntagsstimmung begann somit schon in aller Frühe. Im Hintergrund war Marschmusik zu hören, Vaters Lieblingsmusik. Eines seiner Lieblingsstücke war der Radetzky-Marsch.

Werktags gab es Malzkaffee oder Muckefuck, wie der günstige Ersatzkaffee im Volksmund genannt wurde. Unsere Oma löffelte morgens gerne ihr „Eingebrocksel", so hieß das Frühstück aus ihrer Heimat, dem Sudetenland.

Es bestand aus süßem Milchkaffee, in den Brot eingeweicht wurde. Von ihrem Frühstück bekam ich immer etwas ab und es schmeckte mir besonders gut, weil es süß und lecker war.

Auch erinnere ich mich an die regelmäßigen Besuche bei Oma Gretel und Opa Jakob. Sie wohnten im alten Ortskern von Osthofen in einem kleinen Haus, das gemütlich eingerichtet war. Das Wohnzimmer war holzvertäfelt, gleich rechts neben der Wohnzimmertür hing ein großer bronzefarbener Spiegel, in dem sich der gegenüberliegende Vitrinenschrank spiegelte. In dem schönen Möbelstück standen Kristallgläser, edle Porzellanschüsseln und Figuren.

Immer donnerstags trafen wir uns bei Oma zum Kaffeeklatsch, der allerdings in der Küche stattfand. Meine fünfzehn Jahre ältere Schwester Gisela kam ebenfalls mit meinen Nichten Silke und Silvia und wir Kinder freuten uns, weil wir zusammen im Hof spielen konnten. Bei schlechtem Wetter malten wir. Dazu saßen wir auf einem Kanapee, in das man stets tief einsank, wenn man sich daraufsetzte. Vom Küchenfenster aus konnte man in den kleinen Innenhof mit den holprigen Pflastersteinen sehen, sie waren von weichem grünem Moos umwachsen.

Im Sommer schmückten viele Blumenkübel mit Oleander, Funkien und Liguster den Hof. Am gegenüberliegenden Schuppen, gleich neben der Mistkaut hing ein Vogelhäuschen, in dem immer ein Stück Apfel für die Amseln lag.

Mein Opa hatte meistens noch etwas in seiner kleinen Werkstatt zu erledigen und kam etwas später zum Kaffee. Nachdem er seine blaue Schürze aufgehängt hatte, wusch er sich an dem weißen Waschsteinbecken seine Hände mit einer wohlduftenden Gewürzseife, deren Geruch sich schnell in der gesamten Küche verbreitete. Anschließend trocknete er sie an einem grau karierten Handtuch ab, das an einem Handtuchhalter neben dem Waschstein hing. Den Handtuchhalter zierte ein weißer Überhang mit eine bestickten Blumenbordüre.

Nun wurde über die neuesten Ortsgeschehnisse erzählt - wer geheiratet hatte, Nachwuchs bekam oder gestorben war. Wir Kinder malten Bilder auf weiße Kärtchen, die unsere Oma von ihren Feinstrumpfpackungen gesammelt hatte, so dass sie kein Papier kaufen musste, denn das war nach ihrer Ansicht Geldverschwendung.

Meistens gab es Brot mit Latwerge, den unsere Oma selbst gekocht hatte. Das Brot kaufte sie immer zwei Tage vor dem Verzehr und behauptete, vom frischen Brot bekäme man Bauchschmerzen. Von einer Scheibe Brot war ich deshalb immer satt und dazu gab es ein Glas Milch.

Manchmal trafen wir uns auch bei meiner Schwester. Sie wohnte nicht weit von Oma entfernt in der Walter-Rathenaustrasse. Meine Schwester war und ist eine Meisterin bei der Zubereitung von frischer Erdbeermarmelade. Noch heute erinnere ich mich an den herrlichen Duft und Geschmack der roten Köstlichkeit. Das Brot war vom Bäcker Unkelbach. Sein Geschäft lag nur ein paar Gehminuten entfernt und das Brot wurde immer frisch gekauft.

Da konnten wir Kinder auch schon mal zwei oder drei Scheiben essen und zu unserer großen Überraschung bekamen wir keine Bauchschmerzen.

Am Wochenende traf sich die gesamte Familie oft bei uns zu Hause. Solange ich mich erinnern kann, buk meine Mutter samstags Kuchen für das Wochenende. Je nach Jahreszeit gab es Rhabarberkuchen, Kirschenmichel oder Stachelbeerschnitten mir Streusel. Im Herbst wurde Blechkuchen mit Zwetschgen oder Äpfeln gebacken. Zwischendurch probierte sie auch mal ein Rezept von den Landfrauen aus wie zum Beispiel die Philadelphia-Torte. In der Weihnachtszeit gab es Weihnachtsplätzchen und Christstollen.

Auch heute treffen wir uns immer noch regelmäßig, abwechselnd mal bei dem einen oder anderen Familienmitglied zum Kaffeetrinken. Eltern und Großeltern sind längst verstorben, aber die Familie hat sich auch entsprechend vergrößert. Im Juli 2010 kam Emma, die Urenkelin meiner Schwester, zur Welt. Im Mai 2019 wurde Daniel, unser Enkel, geboren und im August 2019 Hannah, die zweite Urenkelin meiner Schwester und im April 2020 erblickte Luca, unser zweiter Enkel als jüngster Spross unserer Familie das Licht der Welt.

So wird die Tradition des Kaffeeklatsches weitergeführt. Beliebte Gesprächsthemen sind immer noch Neuigkeiten in und um Osthofen, wer geheiratet hat, wo ein Kind geboren wurde und wer gestorben ist.

Marita Gordner

Opa war mein bester Freund

Mein Opa Konrad war ein gütiger, sehr gutmütiger Mann, der mit meiner Oma Erna eine sehr liebevolle Ehe führte. Heute nach 37 eigenen Ehejahren fasziniert mich die Erinnerung an diese unglaubliche Harmonie noch immer.

Als ich etwa fünf Jahre alt war, planten Opa und ich eine Zeltübernachtung im nahen Wäldchen. Wohlweislich nur theoretisch, denn nichts ist schöner als die Vorfreude, so fern der tatsächlichen Realität. Da wir das sehr lange planten, veränderte sich der Zielort im Laufe der Zeit. Irgendwann sollte es dann nach Afrika gehen. Noch heute denke ich deshalb bei Zeltsafaris an meinen Großvater.

Wenn ich ihn vor mir sehe, trägt er stets einen grauen Arbeitskittel, in dessen Tasche sich ein monströser Kellerschlüssel befand. Der Schlüssel zu Opas Schatzkammer, in der er alte Weine bevorratete. Opa betreute die Weinkunden, die auf den Hof kamen und da ich immer bei Opa war – ich auch. Heute denke ich oft, dass ich dressiert war wie ein Zirkus-Pudel. Im Laufe der Weinprobe durfte auch ich (im Kindergartenalter) immer einmal probieren. Stets musste ich danach sagen „S 88" ohne zu wissen was das ist. Die Gäste waren ausnahmslos tief beeindruckt und lobten meine Zunge und meinen Geschmackssinn. Heute weiß ich, dass S 88 der alte Name für die Scheurebe war, und ich natürlich nur diese zu probieren bekam.

Opa und ich waren eben ein eingespieltes Team.

In ihm fand ich auch stets einen Umsetzer für meine Ideen. Als begeisterter Western-Fan baute er mir eine Hütte im Garten, die wir „Ponderosa" nannten und die errichtet wurde, weil sich das Tipi als zu eng und nicht haltbar genug herausstellte. Marterpfahl und Tomahawk, gefertigt aus Weinbergsstickeln hielten der Witterung stand und blieben stehen. Auch eine Friedenspfeife mit Tonkopf wurde gebastelt, deren Füllung aus Opas Zigarrenstumpen, bzw. nach dem von ihm gerauchten, verbliebenen Rest ich heute noch bei der Erinnerung schmecke.

Dagmar Rückrich-Menger

Tante Kuschinske, eine besondere Nachbarin

Im Sommer 1957 ziehen wir in unser Haus in Laubenheim. Ich bin zwei Jahre alt. Laubenheim ist damals noch ein selbstständiger Vorort von Mainz. Wir wohnen nicht im alten Ortskern, sondern in dem Ortsteil zwischen B9 und Rhein, ein Gebiet, das zu dieser Zeit noch wenig besiedelt ist. Erst im Laufe der kommenden Jahre wird dieser Ortsteil Schritt für Schritt erschlossen und erwacht zu Leben. Von der B9, die entlang der Bahnlinie Mainz – Worms verläuft und den ganzen Ort der Länge durchzieht, aber eben auch teilt, biegt der Riedweg ab. Er führt über die Bahnlinie hinweg geradeaus bis ins Ried. Unsere Straße, die Schubertstraße, ist die letzte Querstraße, die vom Riedweg abbiegt, danach beginnt das freie Feld. Die Straße ist zunächst noch nicht geteert, sozusagen ein besserer Feldweg. Auf der Ecke Riedweg/Schubertstraße wohnt Frau Boller, ein Haus, das schon steht, bevor wir nach Laubenheim ziehen. Nach einer Baulücke folgen fünf Häuser, alles Nebenerwerbsstellen, d.h. neben dem Haus haben alle auf ihrem Grundstück einen Hühnerstall und besitzen Ackerflächen in der Peripherie. Vertriebene aus dem Osten bekommen für diese Wohnform günstige Darlehen. Die Häuser haben alle in etwa den gleichen Grundriss. Papa hat sie geplant und über seinen damaligen Arbeitgeber auch die Bauleitung inne.

In jedem Haus wohnen zumindest zeitweise drei Generationen. Die Alten, die als Erwachsene ihre Heimat verlassen mussten, die Männer im Krieg und die Frauen, die mit den Kindern die Odyssee der Flucht durchlitten und überlebt haben und nun hier wieder sesshaft werden. Die mittlere Generation, die zunächst eine unbeschwerte Kindheit hatten, als junge Erwachsene oft als letzte Reserve eingezogen wurden, die schlimmste Gräueltaten gesehen haben, die teilweise verwundet aus der Gefangenschaft kamen und nach dem Krieg ihre Partner gefunden und Familien gegründet haben.

Schließlich wir Kinder, die wir zwischen 1952 und 1960 geboren wurden und hier in der Schubertstraße gemeinsam aufwachsen. Das gemeinsame Schicksal, die Heimat verloren zu haben, Flüchtling zu sein, verbindet, schweißt die fünf Familien zusammen. Die Wohnform der Nebenerwerbsstelle knüpft an Gewohntes an. Alle hatten in der Heimat in irgendeiner Weise Landwirtschaft und besonders den Alten tut es gut, dass sie sich hier nützlich machen können. Sie sind es, die die Felder bestellen und das Federvieh oder die Stallhasen versorgen, denn da kennen sie sich aus. Jeder lebt zwar sein eigenes Leben, startet seinen Neuanfang und trotzdem gibt es diese Verbundenheit, Vertrautheit, ein unsichtbares Band. Für uns Kinder, besonders für mich, ist das toll. Ich bin viel in der Nachbarschaft unterwegs und von daher in jedem Haus ein bisschen zu Hause. So erlebe ich sehr unterschiedliche Arten zu leben. Bei Tante Rossol beeindruckt mich z. B., dass sie so viel liest. Im Wohnzimmer liegen immer eine Menge Romane und so lerne ich, dass es eine Bücherei gibt, in der man Bücher ausleihen kann. Tante Rossol genießt es, sich nachmittags gemütlich in den Sessel zu setzten und zu lesen, das kenne ich von zu Hause gar nicht.

Tante Kuschinske, sie wohnt direkt neben uns, ist meine liebste Nachbarin. Sie ist etwas jünger als Oma. Ihre beiden Söhne, Jörn-Klaus und Uwe studieren bereits und Jörn-Klaus hat schon eine Freundin. Ich beobachte sie manchmal, wenn sie sich küssen. Onkel Kuschinske kommt, wie Mutti und Papa auch, aus Ostpreußen. Er ist eher klein und ein ruhiger Vertreter. Tante Kuschinske, eine stattliche Frau, stammt aus Norddeutschland, sie spricht manchmal Plattdeutsch, das hört sich für mich ganz komisch an.

Als Kind verbringe ich viel Zeit bei ihr. Mutti ist ja sehr mit unserer kleinen Schwester Gabi beschäftigt, die von Geburt an einen schlimmen Herzfehler hat. So bin ich eben oft in der Nachbarschaft unterwegs. Gerne helfe ich beim Hühner füttern oder sammle die Eier aus den Nestern in einen Korb. Manchmal sind sie noch warm. Bei Tante Kuschinske ist vieles so ganz anders als bei uns zu Hause. Am Samstag ist bei Kuschinskes immer viel los. Die Jungens bringen nach dem Sport ihre Freunde mit und schnell wird die Teppichklopfstange zum Reck. Zwischendurch wuseln Joachim und ich herum. Joachim hilft Onkel Kuschinske und ich bin bei Tante Kuschinske. Sie schält jede Menge Kartoffeln, die ich dann in der Waschküche waschen darf und in einen Eimer lege. In der Küche schneiden wir sie dann in Scheiben, außerdem würfelt Tante Kuschinske Speck. Alles kommt in eine große

Pfanne, wenn die Kartoffeln ziemlich gar sind, kommen geklepperte Eier darüber. Ein köstlicher Duft zieht durch die Wohnung. Ich decke in der Bauernstube den Tisch und dann sitzen wir alle rund um den Tisch und spachteln leckeren Bauernschmaus. Tante Kuschinske ist es gewohnt, für viele Menschen zu kochen. Onkel Kuschinske war in Ostpreußen Gutsverwalter und Tante Kuschinske für die Organisation des Haushalts zuständig. Mutti mag es nicht so gerne, wenn wir bei Kuschinskes essen, wir sollen abends nach Hause kommen. Aber Joachim und ich finden es einfach nur gut, mit den „Großen" bei Tante Kuschinke zu essen. Bei uns zu Hause ist so eine große Tischgemeinschaft, gemischt aus Familie und Freunden, undenkbar. Wir spielen zwar viel mit den anderen Kindern im Garten, Mutti versorgt uns auch manchmal mit Saft und Broten, aber die Kinder einfach mit nach drinnen nehmen und dann noch zusammen Mittag- oder Abendbrot essen, das gibt es nicht.

Viel Spaß macht uns Kindern, wenn wir bei der Kartoffelernte helfen dürfen. Onkel Kuschinske fährt mit dem Fahrrad, an das er einen Hänger gehängt hat, zum Acker im Ried. Auf dem Hänger liegen Kartoffelgabeln, Körbe und drei Säcke. Tante Kuschinske, Joachim und ich machen uns zu Fuß auf den Weg. Kurz hinter den Baggerlöchern erreichen wir den Acker. Onkel Kuschinske hat schon damit begonnen, die Kartoffeln mit der Kartoffelgabel aus der Erde zu holen. Joachim und ich krabbeln auf den Knien über das Feld und buddeln die Kartoffeln aus der Erde und legen sie in einen Korb. Ab und zu huscht eine Maus über das Feld und verschwindet in einem Mausloch. Ich erschrecke jedes Mal, sind mir diese Tierchen doch nicht so ganz geheuer. Joachim findet das lustig. Tante Kuschinske packt zu, wo es nötig ist, mal sammelt sie Kartoffeln ein, dann lockert sie die Kartoffelstauden oder leert die Körbe in Säcke. Als die drei Säcke voll sind, beenden wir die Arbeit. Joachim und ich sind richtig verstaubte Dreckspatzen, Tante und Onkel Kuschinske sind froh, dass die Kartoffelsäcke gefüllt sind. Sie werden noch zwei bis dreimal auf den Acker müssen, bis alle Kartoffeln geerntet sind. Hoffentlich hält das Wetter. Ein besonderes Erlebnis ist es für uns Kinder, als wir nach der Kartoffelernte das trockene Kartoffelkraut auf einen Haufen zusammentragen und Onkel Kuschinske es anzündet. Kartoffelfeuer ist fast so schön wie Osterfeuer.

Papa ist von meinen ewigen Besuchen bei Tante Kuschinske nicht wirklich angetan, hat er doch den Eindruck, dass ich brühwarm alle Neuigkeiten aus der Familie erzähle. Für mich ist Tante Kuschinske die Bereicherung schlechthin. Sie ist für mich in meiner Kindheit eine ganz wichtige Vertrauensperson, bei ihr fühle ich mich wohl, ihr erzähle ich auch all meine Sorgen, Ängste und Nöte, mit denen ich Mutti nicht belasten will, hat sie doch schon genug Sorgen um Gabi. Ich bin unendlich dankbar dafür, dass ich Tante Kuschinske als Nachbarin hatte, dafür dass sie für mich da war, mir zugehört hat, mich getröstet und mir Mut gemacht hat und dass ich so viel von ihr lernen durfte. Sie hat mich, ohne dass sie es wollte, sehr geprägt. Danke!! Sabine Tinnacher

Dorf-Elite

Wie in allen Rheinhessischen Dörfern, so gab es auch in unserer Gemeinde bedeutende Männer, die ebenso bekannt waren wie die üblichen Respektpersonen wie Pfarrer und Dorfschullehrer. Sie belegten allerdings einen anderen Status.

Da gab es den Ausscheller

Er gab wichtige Informationen an die Dorfgemeinde weiter. Er hatte ein Fahrrad und eine große Marktglocke. Mit einer gewissen Routine verbreitete er die Neuigkeiten. Der Wortlaut zu Beginn war immer der gleiche:

„Achtung, Achtung! Öffentliche Bekanntmachung!

Wichtig! Wichtig!"

Das Wort wichtig wurde ihm zum Verhängnis. Die Eicher Dorfbuben gebrauchten dieses Wort, um ihn zu ärgern. Wenn die Buben im Dorf dem Ausscheller auf der Straße begegneten, riefen sie ihm „Wichtig, wichtig!" hinterher, bis er endlich genug hatte und sie mit dem Fahrrad stellen wollte. Leider schaffte er das nie. Vielleicht wollte er es auch nicht. Jedenfalls hatten die Kinder ihren Spaß.

Dann gab es den Oberlehrer, den Stecher.

Er war noch ganz von der alten Schule und brachte vielen Klassen über viele Jahren das Schönschreiben bei. Dabei stolzierte er durch den Klassensaal und deklamierte dabei immer im gleichen Rhythmus den Kindern vor: „Es wird geschrieben wie gestochen!" Er war der Rektor unserer Volksschule und hieß in Wirklichkeit Hach.

Dann gab es auch den Kaaser Rudde.

Er war ein ganz besonderes Original. Niemand sonst in der Gemeinde wusste so gut wie er, wie man zu Hasen oder Fasanen kommen konnte, ohne den Jagdschein zu besitzen. Auch wie man Spargel erntete ohne eigenen Spargelacker. Jeder wusste das, nur konnte ihm niemand etwas nachweisen.

Weiter gab es den Frisör „Ruckzuck". Er wurde so genannt, weil er mit dem Herrenschnitt immer ruckzuck fertig war.

In bester Erinnerung aus meiner Kindheit war de Hecke Nikes. Sein richtiger Name war Nikolaus Heck. Das stand scheinbar nur auf der Geburtsurkunde. Alle Kinder sprachen ihn mit „Herr Heckenickes" an. Er hat uns nie verbessert. Große Geister stört das nicht.

Er war ein großer, stattlicher Mann im fortgeschrittenen Alter, mit Bauch, Hosenträger über der Anzughose und einem beachtlichen Ring am Finger. Um den Hals trug er stets ein Meterband, um bereit zu sein, wenn er Maß nehmen musste, denn er war von Beruf Schneider. Er hatte ein kleines Textilgeschäft und Kurzwaren.

Für größere Anschaffungen wie einen Mantel oder Anzug fuhr er mit seiner Kundschaft in seinem Gogo in die Stadt in die großen Bekleidungsgeschäfte. Dort hatte man eine große Auswahl an allen Konfektionsgrößen und diversen

Modellen. Selbstverständlich ging es nur in die Geschäfte, die er aussuchte. Aber es war grundsätzlich in Ordnung.

Der Hecke Nickes war ein netter, freundlicher Mann. Er war eine imposante Erscheinung und eine Respektperson für mich. Ich mochte ihn und begegnete ihm mit einer gewissen Achtung.

Er und sein Sohn Klaus waren begnadete Musiker Beide spielten mehrere Instrumente. Auf vielen Festen und Feiern waren sie als Alleinunterhalter unterwegs. Im Advent suchte der „Heckenickes" Kinder, die einen Blockflötenunterricht besuchten, aus, um für den Weihnachtsgottesdienst Lieder einzuüben.

Da ich das gerne wollte, ging ich in seinen Laden, um mich anzumelden. „So, so du willst mitmachen." Ja bitte antwortete ich artig. Da muss ich dich erst prüfen. Bist du gut in Religion? „Ja" antwortete ich zögernd. „So dann weißt du auch wer die Mutter von Pontius Pilatus war?" Ich überlegte und überlegte, es fiel mir dazu nicht ein.

Und er stand allmächtig hinter der Ladentheke und guckte mich über den Brillenrand streng an. Ich bekam Herzrasen, einen roten Kopf, aber ich wusste es natürlich nicht. „Gut, ich sage es dir: Die Mutter von Pontius war die alt Pontiussen. Dann lachte er und lachte, sein dicker Bauch wackelte und er sah gar nicht mehr streng aus. Und ich sagte: „Das steht aber nicht in der Bibel."

Ich durfte mitflöten und bekam noch einen Lutscher geschenkt.

Elisabeth Vierheller

Freuden der Kindheit

Zu den Freuden der Kindheit zählten damals Ausflüge an den Rhein, das Herumstromern auf den herbstlichen Feldern, der erste Schnee oder die Kerb als wichtiges Ereignis im Jahresverlauf, aber auch der erste Schultag oder ein ganz besonderes Geschenk.

Am Rhein

Sonntags liefen meine Eltern gerne nach Rheindürkheim, es war ein Fußmarsch von etwa einer Stunde und unser Ziel war oftmals die Seebachmündung am Rhein.

Waren wir dort angekommen, suchte ich gemeinsam mit meinem Vater flache Steine, um sie hüpfend über die Wasseroberfläche zu werfen. Gemeinsam zählten wir, wie oft der Stein hüpfte, zweimal, dreimal, manchmal auch viermal, je flacher der Stein war, umso besser hüpfte er. Wir warfen um die Wette, mal gewann mein Vater, mal gewann ich.

Fuhr ein Schiff vorbei, wartete ich schon gespannt auf das Einsetzen der immer größer werdenden Wellen. Mit großen Sprüngen hüpfte ich dann zurück, um keine nassen Schuhe und Strümpfe zu bekommen.

Meine Eltern liefen voraus, ihre Fußspuren füllten sich im Sand mit Wasser, das in der Sonne glänzte. Es roch nach

Fisch, Metall und Seifenlauge, große weiße Schaumkronen schwammen an uns vorüber, dazu rauschte der Wind in den Bäumen und vermischte sich mit dem Rauschen der Wellen. Beides gehörte zusammen, die Wellen und der Wind am gemächlich dahinfließenden Rhein, von dem immer eine besondere Atmosphäre der Ruhe und Entspannung ausging.

Mit ein paar besonders schönen Steinen und Muscheln in der Jackentasche ging es nach einiger Zeit wieder heimwärts. Wenn wir am späten Nachmittag zu Hause ankamen, waren die Beine müde und das Gemüt wohlig und zufrieden. Anschließend bestaunte ich noch einmal meine Sammlung aus der Jackentasche. In aller Ruhe sortierte ich die Stein- und Muschelsammlung und legte sie auf meinem kleinen Nachttisch zurecht.

Bei Ostwind konnte ich am frühen Morgen das Signalhorn der Schleppkähne bis in mein Zimmer hören, oft lag ich noch im Bett. Das freie Feld hinter unserem Haus ließ das Dröhnen weit über die Felder ertönen.

Im Frühjahr flogen Pappelsamen über die Wiesen und die Sumpflandschaft mit dem Röhricht. Die kahlen Äste der Kopfweiden standen in stoischer Ruhe am Ufer und warteten auf die wärmenden Strahlen der Frühlingssonne.

Einmal als wir mit unseren Fahrrädern am Rhein waren, zog ein Unwetter auf. Eilig packten wir unsere Badesachen zusammen und machten uns auf den Heimweg. Dunkle Gewitterwolken zogen wie Pilze am Himmel auf.

Laut rauschten die Espen und Pappeln, die Blätter glänzten in den letzten Sonnenstrahlen und so entstand ein bizarres Bild aus grauen Wolken und sonnendurchfluteten grünen Blättern. Obwohl wir mit aller Kraft in die Pedale traten, holte uns das Unwetter dennoch ein. Völlig durchnässt und entkräftet erreichten wir unser Zuhause. Wir zogen uns trockene Kleidung an und genossen den wohlig bevorstehenden Abend.

Im Juli war in Rheindürkheim das Rheinperlenfest. Ich war etwa acht Jahre alt und lief zusammen mit meinen Eltern die Kirchstraße bis zur Rheinmauer hinunter. Es war bereits dunkel. Wir wollten uns das Feuerwerk ansehen. Viele Menschen hatten sich auf der Rheinuferstraße versammelt. Es gab dort ein Gedränge und Geschubse. Meine Mutter sicherte mir einen Platz auf der Rheinmauer. Von dort aus konnte man gut auf die andere Rheinseite schauen, wo das Feuerwerk gezündet wurde. Plötzlich wurde mit einem lauten Knall das Spektakel eröffnet. Raketen flogen in das Dunkel der Nacht, um anschließend wieder wie kleine leuchtende Perlen herabzuregnen und auf dem Wasser schwimmend in der Dunkelheit zu verschwinden. Viele bunte Lichter schwammen an uns vorüber. Bei jedem Abschuss einer Feuerwerksrakete rief die gesamte Menschenmenge „Ahh, Ohhh!"

Viel zu schnell war das bunte Erlebnis für mich vorüber. Als ich zu Hause in meinem Bett lag, war ich noch immer von der Einmaligkeit des bunten Sternenregens fasziniert.

In dieser Nacht träumte ich von vielen bunten Lichtern, die in der Dunkelheit auf dem Rhein an mir vorüberschwammen.

Marita Gordner

Erinnerungen an den Herbst in meiner Kindheit

In meiner Kindheit lebten wir alle im Reigen der Jahreszeiten. Die Unterschiede von Frühling, Sommer, Herbst und Winter waren deutlich sichtbar und der Wechsel zur nächsten Jahreszeit kündigte sich immer frühzeitig mit den jeweils spezifischen Vorzeichen an. Für mich wurde es Herbst, wenn ich mit meiner Freundin Claudia durch die Felder lief, und der Wingertsschütz uns auf seinem knatternden Moped entgegenkam.

Erst dann bemerkte ich, dass es morgens bereits empfindlich kalt war und auf unserem Weg in die Schule die Morgennebel schleierförmig über den Himmel zogen.

Die Emsigkeit, mit der die Bauern die Ernte einbrachten, wurde übergangslos hektisch. Die Pferdegespanne und Traktoren fuhren den ganzen Tag mit den mehr oder minder vollen Rollen den Ertrag des Jahres in die Vorratsspeicher der heimischen Höfe ein.

In unserem Ort gab es in dieser Zeit nur ein Thema: Wird das Wetter in den nächsten Tagen und Wochen halten?

Und wie wird in diesem Jahr die Ernte ausfallen? Preise für die Winterkartoffeln und das Brotgetreide wurden kontrovers diskutiert, auch bei uns zu Hause. Unsere Mutter, die sich ständig um steigende Preise sorgte, berichtete beim Abendessen, dass der Bauer, bei dem sie zur Erntezeit immer aushalf, mit einer sehr bescheidenen Ernte rechnen würde.

Unser Vater fing an lauthals an zu lachen. „Das ist nun aber wirklich nichts Neues. Ich habe noch niemals gehört, dass der Kartoffelbauer mit dem Ertrag zufrieden ist. Er ist immer am Jammern, egal wie seine Ernte ausfällt." „Der Bauer nannte einen Zentnerpreis von 12 DM, 2 Mark mehr, als im letzten Jahr," bemerkte unsere Mutter düster. Begütigend legte mein Vater seine Hand auf den Arm meiner Mutter. „Wir werden es schon schaffen," sagte er mit fester Stimme. „Jedes Jahr erzählt der Bauer dir den gleichen Unsinn. Es empfiehlt sich, nicht alles für bare Münze nehmen. Er ist ein unverbesserlicher Pessimist. Noch nie haben wir den hohen Kartoffelpreis bezahlt, den er im Vorfeld nannte." „Wenn das alles so stimmt, was Du sagst, bräuchte ich mich nicht um die Bezahlung der Winterkartoffel zu sorgen," antwortete unsere Mutter. „Schau dir an, wie außergewöhnlich gut die Ernte in diesem Jahr in unserem Garten ausfällt. Das Ergebnis im Kleinen kannst du getrost auf das Große übertragen."

Ein zögerliches Lächeln huschte über das Gesicht unserer Mutter. Sofort entspannten sich alle merklich, die mit am Tisch saßen. „Oh Väterchen," dachte ich, „welch ein Segen, dass es dich, dein Lachen und deine Zuversicht gibt."

Die Anzeichen, dass der Herbst im Anzug war, mehrten sich. Die Blätter der Bäume verändern sich von dem sommerlichen Grün in die üppige Vielfalt der herbstlichen Farben. Sie glitten lautlos zu Boden, wenn der jetzt merklich stärkere Wind durch die noch belaubten Baumkronen wehte.

Mit einem lauten Plopp fielen die ersten Kastanien herab. Teilweise waren sie noch in den grünen Kapseln gefangen. Diese erinnern mich, auch heute noch regelmäßig an Igel, weil ihre Gehäuse so stachelig sind.

Claudia und ich streiften täglich durch die Felder. Die deutlichen Veränderungen in der Natur waren nicht mehr zu leugnen. Die abgeernteten Getreidefelder entpuppten sich zur Spielwiese von allerlei Getier. Zwischen den Stoppeln spielten die jungen Hasen. Wir blieben stehen und schauten lächelnd dem lustigen Treiben auf den Äckern zu. Unzählige Mäuse jagten kreuz und quer über das Feld. Ich ekle mich entsetzlich vor den kleinen pelzigen Tierchen und hielt jedes Mal erschrocken die Luft an, wenn ein besonders mutiges Mäuschen direkt vor meinen Füßen in ein Loch flitzte.

Claudia findet die wuseligen Tierchen entzückend und lachte sich halb tot, wenn ich zur Salzsäule erstarrte, weil ein putziges Mäusle meinen Weg kreuzte. Dafür hat sie es nicht so mit Spinnen. Wurde mir ihr Gelächter zu heftig, erinnerte ich sie daran, dass die Achtbeinigen sich jetzt gerne in die heimeligen, warmen Stuben zurückziehen. Dann blieb ihr das Lachen im Halse stecken.

Wir erzählten die kuriosesten Mäuse- und Spinnenerleb-
nisse, schauten uns an, prusteten gemeinsam los und
lachten darüber, bis uns die Bäuche wehtaten. Wir wun-
derten uns, wenn wir uns endlich wieder eingekriegt hatten, wie verschiedenartig doch Abneigungen und Vorlie-
ben sind. Einträchtig schlenderten wir weiter durch die
sich herbstlich verändernde Landschaft.

Die Bäume trugen schwer an den Früchten und manch ein
Ast wurde mit einem Holzpfahl gestützt, damit er nicht
abbrach. In den Wingerten hingen die Trauben prall und
saftig an den Reben. Gackernd und schrill schreiend rann-
ten die Rebhühner und die Fasanen zwischen den Reihen
umher.

Bald wird die Weinlese beginnen, fast zeitgleich mit den
Herbstferien. Claudia und ich werden, wie jedes Jahr, drei
lange Wochen bei der Weinernte helfen, um uns etwas
Geld zu verdienen.

Ich las immer mit meiner Mutter gemeinsam in einer
Reihe. Sie hatte bei dem Winzer durchgesetzt, dass ich die
gleiche Entlohnung wie sie bekam. Die Argumente meiner Mutter, dass ich genauso zügig arbeitete wie die Erwachsenen, und dass wir meistens sogar schneller lasen
als die anderen, vermochte der geizige Bauer nicht zu ent-
kräften. Und so profitierte ich durch ihr Verhandlungsge-
schick, indem ich ein Drittel mehr Lohn erhielt als die anderen Kinder.

Claudia und mir fiel auf, dass der Herbst einen speziellen, eigenen Geruch hat. Die Erde war feuchter und schwerer und roch leicht modrig und faulig.

In unserer Gegend wurden damals sehr viele Zuckerrüben angebaut, die in der nicht weit entfernten Fabrik zu Haushaltszucker verarbeitet wurden. Der süßliche Geruch, der aus den dortigen Schornsteinen emporstiegt, hing für einige Wochen in der Luft. Der eigentümliche Duft und die für den Herbst typische Abendröte veranlassten die älteren Mitbürger dazu, den gespannt lauschenden Kindern die Mär von dem plätzchenbackenden Christkind zu erzählen.

Claudia und ich genossen unsere Streifzüge durch die herbstlichen Fluren und Felder in vollen Zügen. Wenn wir nicht damit beschäftigt waren zu schnattern, bemerkten wir, dass die Natur im Herbst sehr laut sein kann. Da war das Rauschen der Vogelschwärme, die sich in diesem Tagen sammelten, um gemeinsam in den Süden zu fliegen. Oder der Herbstwind pfiff uns schneidend kalt um die Ohren. Die rennenden Mäuse raschelten im Stroh auf den Stoppelfeldern. Das Niederwild schrie und gackerte. Die umherkletternden Eichhörnchen verursachten ein zartes Rascheln in den noch belaubten Bäumen.

Das Herunterfallen der Nüsse, der Kastanien, des überreifen Obstes mit einem vernehmlichen Plopp erschien uns ziemlich laut. Oftmals wurden wir davon unsanft gestört, wenn wir schweigend und in Gedanken versunken durch die Gemarkung zogen.

Den Herbst unbeschwert im Freien zu genießen, endete für uns mit dem Beginn der Weinlese. Und so beschlossen Claudia und ich die wenigen Tage, die uns bis dahin noch blieben, mit weiteren ausgiebigen Wanderungen durchs Feld zu füllen.

Anne Michel

Freundinnen

finden sich in Kindheitstagen

zusammen taumeln durch die Zeit

sind ein Leben lang zu zweit

seit der fernen Kinderzeit

zusammen taumeln durch die Zeit

die Eine hell, die Andere Dunkel

seit der fernen Kinderzeit

gemeinsam teilen Freud und Leid

die Eine hell, die Andere Dunkel

gleich und doch das Gegenteil

gemeinsam teilen Freud und Leid

Sind geborgen in Beständigkeit

gleich und doch das Gegenteil

Abschied ist auch Ankunft feiern

Sind geborgen in Beständigkeit

unzertrennlich, nie allein

Abschied ist auch Ankunft feiern

Verständigung in Einigkeit

unzertrennlich, nie allein

kommen immer wieder heim

Verständigung in Einigkeit

finden sich in Kindheitstagen

kommen immer wieder heim

sind ein Leben lang zu zweit.

Anne Michel

Der erste Schnee

Ich erinnere mich, dass zu in meiner Kindheit die Winter viel früher begannen, oftmals schon Anfang November. Deshalb war morgens mein erster Gang immer gleich zum Fenster in der Hoffnung, dass es über Nacht geschneit hat. Entsprechend groß war die Freude, wenn die Landschaft in einem friedlichen Weiß vor mir lag.

Nach dem Frühstück ging ich mit dem Schulranzen los. Da wir in einer ruhigen Seitenstraße wohnten, waren meine Fußspuren oftmals die ersten im Schnee. Auf dem Weg zur Schule holte ich noch meine Freundin Heidi ab, die zwei Häuser weiter wohnte. Das Laufen durch den Schnee machte uns Kindern immer besonders viel Spaß.

Warm eingemummelt in dicke Anoraks, handgestrickte Mützen, Schals und Handschuhe stapften wir gemeinsam durch die verschneite Landschaft. Wir hatten uns immer viel zu erzählen und so dampfte bei jedem Wort unser Atem in der klirrenden Kälte.

Auf den Dächern und den Straßen zauberte die weiche Schneedecke eine besondere Atmosphäre in die Dunkelheit. Aus den Schornsteinen quoll schwarzer Rauch vom Holz- und Kohlenfeuer und der Geruch ließ erahnen, dass in den Häusern eine behagliche Wärme herrschte.

Als wir den Schulhof erreichten, wurden dort schon die ersten Schneeballschlachten ausgetragen. Wer nicht aufpasste, wurde auch schon mal von den älteren Buben eingeseift. Manchmal fielen erneut weiße weiche Schneeflocken. Im Unterricht träumte ich vom Nachmittag, den Schlittenfahrten und dem fröhlichen Treiben.

Mittags trafen sich viele Kinder auf den Straßen und gemeinsam bauten wir Schneemänner. Aus Schnee rollten wir zwei großen Kugeln und eine dritte für der Kopf. Für die Nase besorgten wir eine Karotte, die meistens in einem Keller im Sand für den Wintervorrat lag. Aus Kohlestücken fertigten wir Augen und Mund. Ja, und ein Hut war auch meist schnell herbeigeschafft. Damals trugen die Männer stets einen Hut. Somit ließ sich immer schnell ein ausgedientes Modell auftreiben und im Notfall tat es auch mal ein alter Kochtopf.

In der Adventszeit bastelten wir in der Schule Weihnachtssterne aus Stroh und Goldpapier, mit denen wir die

Fenster in unserem Klassenzimmer schmückten. Sehnsüchtig fieberten wir den Weihnachtsferien entgegen. Am letzten Schultag durften wir unsere Sterne mit nach Hause nehmen, darüber freuten sich besonders unsere Mütter. Kam ich dann von der Schule nach Hause, wehte mir schon aus der Küche der herrliche Duft von Weihnachtsplätzchen entgegen. Vor dem Mittagessen durfte nicht genascht werden, aber ein, zwei Plätzchen wurden dann doch heimlich stibitzt. Ja und die schmeckten besonders köstlich!

Marita Gordner

Das Kerwekleid

Ende der fünfziger Jahre – ich muss so sieben oder acht Jahre alt gewesen sein - war die Kerb, das Kirchweihfest, noch ein herausragendes Ereignis. Alle Mädchen bekamen ein neues Kleid - das Kerwekleid. Das wurde zur damaligen Zeit meist nicht von der Stange gekauft, sondern von einer Schneiderin angefertigt.

Bei uns übernahm diese Aufgabe die Schwester meiner Mutter. Sie war meine Patin und nähte sehr flotte Kleidchen, obwohl sie keine gelernte Schneiderin war.

Für mein neues Kleid hatte sie im Sommerschlussverkauf in Worms einen hellgelben Perlonstoff ergattert. Er hatte rosa und hellblaue Punkte, war dünn und durchsichtig und das Kleid sollte später mit einem Petticoat getragen werden.

Während ich bei ihr in den Sommerferien zu Besuch war, nähte sie an meinem Kleid. Nach vielen Anproben passte es perfekt. Das Oberteil war enganliegend, es hatte einen ovalen Ausschnitt am Hals und war ärmellos, der Rock war weit schwingend und hatte drei Aufschläge am Saum, die man im nächsten Jahr herauslassen konnte, wenn ich wieder gewachsen war.

Die Ferien waren zu Ende, das Kleid war fertig und es war Kerb daheim.

Meine Tante und ich machten uns Sonntagmittag mit ihrem Moped Marke „Quickly" auf den Weg von Heßloch nach Eich. Stolz saß ich mit meinem neuen Kleid und Petticoat auf dem Gepäckträger, der mit einem festgebundenen Kissen gepolstert war.

Wir hatten etwa 15 km zu fahren. Das Wetter war warm, der Verkehr gering und wir kamen gut Zuhause an.

Beim Absteigen passierte es dann! Ich rutschte mit dem Kissen vom Gepäckträger herunter und kam mit dem Saum des Kleides an den Auspuff. Der Stoff schmolz sofort und dort war nun ein etwa fünf Zentimeter großes Loch. Ich brach in Tränen aus und konnte mich gar nicht beruhigen.

Doch meine patente Tante wusste Rat. Sie hatte die Stoffreste des Kleides mitgebracht, denn die sollten ja für Änderungen aufgehoben werden.

Sie schnitt ein Stück zum Muster passend heraus und nähte es mit der Hand mit winzigen Stichen kunstvoll ein. Wer es nicht wusste, sah gar nichts von dem Malheur. Ich war überglücklich. Die Kerb war gerettet!

Das Kleid wurde noch lange getragen, erst von mir, dann von meinen beiden jüngeren Schwestern.

Marlies Uhrig

Kirmes

Zweimal im Jahr verwandelte sich der große Kiesplatz in Osthofen zwischen der Bismarck- und Goldbergschule zu einem besonderen Ort der Freude und des Vergnügens. Zweimal im Jahr, im Sommer zum Osthofener Markt und im Herbst zum Wonnegauer Winzerfest.

Vorboten waren stets die ersten Wohnwagen, wenn wir Kinder morgens um halb acht zur Schule liefen. Nun wussten wir, bald gehts los. Mittags, wenn die Schule aus war, rollten die ersten Fahrgeschäfte wie zum Beispiel die Schiffschaukel oder die Autoskooter zum Aufbau an. Nun wurde der Platz immer voller und enger.

Am nächsten Morgen war es beim Überqueren des Platzes besonders abenteuerlich, denn dicke Kabelschläuche und Bretterbohlen lagen zwischen den einzelnen Fahrgeschäften. Mittags nach Schulschluss hämmerte und klopfte es auf dem gesamten Gelände. Männer riefen sich Kommandos zu und vor den Wohnwagen standen Campingstühle, Wäscheständer und es roch nach Mittagessen. Für die Schausteller war das Alltag, doch wir Kinder konnten es kaum erwarten. Nachdem wir die Hausaufgaben erledigt hatten, liefen wir gespannt zum Ort des Geschehens. Überall herrschte reges Leben auf dem sonst so tristen und ruhigen Kiesplatz.

Das Zelt wuchs in die Höhe und zwei Tage später war es dann endlich so weit. Das Fest wurde eröffnet. Am Samstag bekam ich von meinen Eltern und Großeltern das sogenannte Marktgeld. Danach holte ich meine Freundin Heidi und ihre zwei Jahre jüngere Schwester Hilde ab. Sie wohnten nur zwei Häuser von uns entfernt. Dann ging es gemeinsam zum Festplatz, wo uns der wunderbare Duft von gebrannten Mandeln und gebratenen Bratwürsten empfing.

Kinder liefen mit flatternden Luftballons über den Festplatz, ja und so mancher stieg auch schon einmal hoch in den Himmel hinauf, wurde immer kleiner, bis er schließlich ganz verschwand. Musik hallte über den gesamten Platz, Menschen lachten, das Karussell drehte sich, man konnte Lose kaufen, Mohrenköpfe und vieles mehr. Ich überlegte, wofür ich mein Geld nun ausgeben wollte, denn es war ja nur begrenzt. Am liebsten fuhren wir mit dem Autoscooter und wenn wir auf den Brettern der Berg- und Talbahn standen, vibrierte der Boden so stark, dass es uns durch Mark und Beine fuhr.

Eines Tages traf ich meinen Schwager Helmut am Schießstand und er hielt einen kleinen Klapperstorch mit blauer Schleife in seiner Hand. Ich war damals sechs Jahre alt und von dem kleinen Storch fasziniert. Meine dreijährige Nichte Silke hatte mir erzählt, sie habe einen Zuckerwürfel auf die Fensterbank gelegt und sich ein Brüderchen bestellt. Ich war so begeistert, dass ich ebenfalls ein Zuckerstückchen auf unsere Fensterbank legen wollte, wovon mir meine Mutter abriet. Wir wären ja schon drei Kinder und ein viertes wäre zu viel. Das sah ich ein!

Im Mai 1966 erblickte meine Nichte Silvia das Licht der Welt und ich verstand nicht, weshalb nun ein Mädchen und kein Junge geboren worden war. Schließlich hatte meine Nichte ein Brüderchen bestellt und die Schleife des Klapperstorches war hellblau gewesen, das hatte ich mit meinen eigenen Augen gesehen.

Jahre später - ich war etwa vierzehn Jahre alt - fiel mir beim Flanieren über den Festplatz wieder der kleine Storch vom Schießstand ein und so traf ich die Entscheidung, auch einmal zum Schießgewehr zu greifen. Ich kaufte drei Schuss. Das Gewehr lag groß und schwer in meinen Händen. Ich zielte auf eine kleine Rose, drückte ab und schoss vorbei, das wiederholte ich noch zwei Mal, aber immer verfehlte ich. Also kaufte ich nochmal drei Schuss und wieder ging es daneben. Mehr Glück hatte ich beim Losestand, da gab es wenigsten einen kleinen Trostpreis zu gewinnen. Einmal war ich mit meiner Mutter auf der Festwiese. Sie kaufte eine größere Menge von Losen und wir gewannen eine wunderschöne Puppe mit gelocktem Haar und einem türkisfarbenen Tüllkleid. Zu Hause bekam die Puppe einen Ehrenplatz in der guten Stube, dem Wohnzimmer, dass nur zu besonderen Anlässen wie Geburtstagen, Weihnachten und der Konfirmation benutzt wurde.

Montags war der letzte Tag des bunten Treibens, das Geld längst ausgegeben, aber mich lockte die schöne Atmosphäre. Gelegentlich bekam ich noch ein oder zwei D-Mark, das reichte immer noch für ein paar Lakritzschnecken. Manchmal legten meine Freundin und ich unser restliches Geld zusammen und wir konnten nochmal Autoscooter fahren. Ein letztes Mal der wunderbare Duft, ein letztes Mal die wunderbare Atmosphäre und Musik aus den großen Lautsprechern. Ich erinnere mich, eines meiner Lieblingslieder hieß „Weine nicht kleine Eva" und es passte so gut zu meiner inneren Stimmung des Abschieds.

Am nächsten Morgen, wenn wie Kinder wieder in die Schule liefen, waren die Schausteller bereits mit dem Abbau beschäftigt. Die ersten Wohnwagen verließen den Kiesplatz, es wurde nach und nach immer leerer und auch ruhiger. Schnell hatte uns der Alltag wieder eingeholt.

In den siebziger Jahren wurde aus dem Kiesplatz ein schöner Stadtpark. Der Festplatz lag nun außerhalb von Osthofen auf einem größeren Gelände. Auch wurde neben dem Gelände eine große Sport- und Festhalle, die Wonnegauhalle, gebaut. Anfang der achtziger Jahre wurde die Bismarckschule zu einem Bürgerhaus umgebaut und wird seither von vielen Vereinen und Osthofener Bürgern genutzt.

Marita Gordner

Mein erstes Schuljahr

Ich wurde im Frühjahr 1966, im sogenannten Kurzschuljahr, eingeschult. Mein acht Jahre älterer Bruder Werner kam aus der Schule und sein dunkelgrüner Lederranzen ging nahtlos in meinen Besitz über. Wie oft hatte ich aus diesem Ranzen ein besonders gutes Brot essen dürfen, denn es war ein Brot, über das ein Vögelchen geflogen ist, so sagte es jedenfalls meine Mutter zu mir.

Ich erinnere mich noch heute an den besonderen Geschmack, der - wie ich heute weiß - vom Lederranzen stammte.

An den Tag meiner Einschulung erinnere ich mich noch gut, besonders an die knallrote Schultüte, die mit einer schönen Schleife zugebunden war. Die Tüte war gut zur Hälfte mit Zeitungspapier ausgestopft, darauf lagen ein paar wenige Süßigkeiten und Äpfel. Besonders freute ich mich über die bunte Lakritzmischung von Haribo. Eine ganze Tüte Lakritze für mich allein, so etwas gab es nicht alle Tage!

Zur Einschulung trug ich meine Sonntagskleidung, das war eine hellblaue Rüschenbluse mit einem dunkelblauen Faltenträgerrock. Meine Mutter machte mir am Morgen zwei Zöpfchen, ebenfalls mit hellblauen Schleifchen passend zur Bluse. Unsere Schule, die Seebachschule in Osthofen, war erst kurze Zeit zuvor eingeweiht worden.

Die Einrichtung war hell und freundlich. Es roch nach Holz und frischer Farbe.

Nachdem sich alle Kinder einen Platz im Klassenzimmer ausgesucht hatten, stellte sich unsere Lehrerin vor. Sie hieß Fräulein Merkele, hatte schulterlanges braunes Haar und war noch sehr jung. Ihre sanftmütige Ausstrahlung nahm mir etwas die Angst vor der Schule. Denn seit dem Tag, an dem mein Bruder mit blutverschmiertem Hemd und Gesicht nach Hause gekommen war, hatte ich große Angst vor der Schule. Der Lehrer hatte ihm im Unterricht eine Ohrfeige gegeben und davon hatte Werner Nasenbluten bekommen. Seitdem war ich überzeugt, dass es in der Schule vor allem Prügel gab. Noch lange Zeit sah ich das blutige Hemd meines Bruders vor mir, nachts träumte ich sogar davon.

Nachdem sich Fräulein Merkele vorgestellt hatte, verließen unsere Mütter das Klassenzimmer.

Wir Kinder durften nun unsere Ranzen auspacken. Im Ranzen war eine Schiefertafel, ein Griffelkasten aus Holz, ein Schwammdöschen mit Läppchen zum Nachtrocknen und unsere blaue Fibel. Lotte und Hans waren darauf abgebildet und ich war ganz stolz auf meine Erstausstattung für die Schule! Am Ende der Stunde nahm Fräulein Merkele ihre Gitarre und wir sangen zusammen noch ein Lied.

Meine Mutter begleitete mich die ersten Tage, schnell jedoch fand ich eine Schulfreundin. Sie hieß Uschi und wohnte nur eine Straße weiter. Ihre Eltern hatten ein

Geschäft. Ich kannte sie schon von meinen gelegentlichen Einkäufen mit der Milchkanne. Nun holte ich sie täglich ab und wir liefen gemeinsam mit unseren orangefarbenen Schirmmützen zur Schule.

Jeden Morgen sangen wir vor dem Unterricht zuerst ein Lied, manchmal sangen wir im Kanon, was mir besonders gut gefiel. Die Gitarre unserer Lehrerin, mit der sie unseren Gesang begleitete, faszinierte mich immer wieder. Auch zwischen den einzelnen Unterrichtsstunden sangen wir bei geöffnetem Fenster immer mal ein Lied. Danach war der Kopf frei und wir hatte wieder Lust weiterzulernen.

Ungeduldig fieberten Uschi und ich danach, endlich lesen und schreiben zu können. Auf unserem Weg zur Schule kamen wir täglich beim Dachdecker Herd in der Oderstraße vorbei. Wenn das große Holztor offenstand, sahen wir den LKW mit vielen Leitern und Dachziegeln, oft war das Holztor auch geschlossen. Am Tor war ein großes weises Blechschild befestigt, darauf stand ein Wort in orangefarbenen Buchstaben. Jeden Tag blieben Uschi und ich auf dem Nachhauseweg vor dem Schild stehen und überlegten, welches Wort wohl dort stehen könnte. Noch konnten wir nicht lesen, aber bald würden wir das Geheimnis lüften, da waren wir uns einig. Immer wieder standen wir vor dem Blechschild mit den schönen orangefarbenen Buchstaben. Nach einiger Zeit konnten wir endlich den ersten Buchstaben entziffern.

Das Wort fing mit einem großen E an, schon bald konnten wir auch den zweiten und dritten Buchstaben lesen, es war ein kleines t und wieder ein e, aber diesmal klein geschrieben. Wir lasen also Ete. Nach einiger Zeit - wir übten täglich fleißig das ABC - lasen wir den Buchstaben r, auch klein geschrieben, Also bis jetzt lasen wir Eter. Vor den großen Sommerferien beherrschten wir das ABC und konnten somit auch das geheimnisvolle Wort endlich entziffern. Es hieß Eternit! Uschi und ich sahen uns ratlos mit großen Augen an. Jetzt konnten wir endlich lesen und verstanden dennoch nicht den Sinn des Wortes.

Zu Hause fragte ich meine Mutter, was Eternit wohl heißen könnte. Auf dem Schild vom Dachdecker Herd würde das Wort stehen. Meine Mutter vermutete, dass es sich um ein Material zum Dachdecken handeln müsste. Ich habe nicht mehr weiter recherchiert, weil mir das Wort inzwischen egal war. Uschi war es nun auch egal! Nun las ich gerne Max und Moritz oder vom Struwwelpeter, aber auch in Mutters Illustrierten „Frau im Spiegel" blätterte ich gerne und entzifferte Wörter und kleine Texte.

Marita Gordner

Sätze aus meiner Kindheit und Jugend

Erst die Arbeit, dann das Vergnügen

Was Du heute kannst besorgen, das verschiebe nicht auf morgen

Was denken denn die Leute

Wer einmal lügt, dem glaubt man nicht, auch wenn er dann die Wahrheit spricht

Was Du heute kannst besorgen, das verschiebe nicht auf morgen

Binilein, alles wird gut

Wer einmal lügt, dem glaubt man nicht, auch wenn er dann die Wahrheit spricht

Darüber spricht man nicht, das gehört sich nicht

Binilein, alles wird gut

Was man anfängt, macht man fertig

Darüber spricht man nicht, das gehört sich nicht

Sabine sitz gerade, mit vollem Mund spricht man nicht

Was man anfängt, macht man fertig

Ein Mädchen, das etwas auf sich hält, geht nicht auf das Zimmer eines jungen Mannes

Sabine sitz gerade, mit vollem Mund spricht man nicht

Es geht nicht darum, dass etwas Spaß macht, sinnvoll muss es sein

Ein Mädchen, das etwas auf sich hält, geht nicht auf das Zimmer eines jungen Mannes

Sabine, üben, üben üben - von nichts kommt nichts

Es geht nicht darum, dass etwas Spaß macht, sinnvoll muss es sein

Das geht Dich nichts an, halte Dich da raus

Sabine, üben, üben üben - von nichts kommt nichts

erst die Arbeit, dann das Vergnügen

Das geht Dich nichts an, halte Dich da raus

Was denken denn die Leute

Sabine Tinnacher

Das Gedächtnis der Menschheit in einem Buch

Seit ich zum ersten Mal in meinem Leben ein Lexikon in der Hand hatte, war mir klar, dass ich so ein kostbares Buch unbedingt haben möchte!

Ich war bei einer Klassenkameradin zu Besuch. Ihre Eltern waren nicht Zuhause und da sie wusste, wie verrückt ich nach Büchern war, präsentierte sie mir voller Stolz die umfangreiche Büchersammlung ihres Vaters.

Die in feinstem Leder gebundene Schätze, standen akribisch geordnet und gutgeschützt in einer Glasvitrine. Sie erlaubte mir, das eine oder andere Buch anzuschauen. Schwer beeindruckt von der enormen Sammlung las ich die Buchtitel und die Namen der Autoren laut vor. Ganz am Ende der ersten Reihe kam ich ins Stocken. Mit dem aufgedruckten Wort «Lexikon A bis Z» konnte ich nichts anfangen. Die Bezeichnung war mir völlig fremd. Noch niemals zuvor hatte ich diesen Begriff gehört. Auf Rückfrage erklärte mir die Klassenkameradin die besondere Bewandtnis dieses Buches.

Total fasziniert von dem Nachschlagewerk, konnte ich es nicht mehr aus der Hand legen. Ich blätterte von A nach B, fand mich plötzlich wieder bei M oder K. Auf jeder neuen Seite, die ich aufschlug, gab es so viel Neues und Interessantes zu entdecken.

Viel zu schnell verging die Zeit und ich musste zurück nach Hause. Dorthin, wo es fast keine Bücher gab, von einem Lexikon ganz zu schweigen.

Auf dem Heimweg trödelte ich herum. In meinem Kopf spukte das Lexikon herum und meine Gedanken gingen auf eine wundervolle Reise. Wie himmlisch muss es sein, in einem Haus zu wohnen, wo es so viele Bücher gibt. Wo man einfach an einen Bücherschrank gehen kann, um dort ein Buch herauszunehmen, das auf alle Fragen eine Antwort weiß.

Aber in so einem tollen Haus lebte ich leider nicht. Ganz leise verspürte ich etwas, das sich so anfühlte wie Neid.

Aber das Lexikon ging mir nicht mehr aus dem Sinn. Einige Tage später kam meine Tante Elisabeth zu Besuch. „Was wünscht du dir zu deinem Geburtstag?" wollte sie von mir wissen. Bevor ich ihr antwortete, sah ich mich erstmal vorsichtig um. Nein, meine Mutter war Gott sei Dank nicht in unserer unmittelbaren Nähe. Ich fing an, herumzudrucksen. Wortreich erklärte ich ihr, dass mir ihre Geschenke bisher immer sehr gut gefallen haben. Dass ich alle Handtücher, Waschlappen, Bettbezüge, Sammeltassen etc. bestimmt mal gut gebrauchen kann, sollte ich wirklich mal heiraten. Und dass es bestimmt sehr praktisch ist, im Fall der Fälle solch schöne Stücke in der Aussteuer zu haben. Aber dass ich mir trotzdem zu meinem dreizehnten Geburtstag, ein Lexikon wünsche, vertraute ich ihr mit einer immer leiser werdenden Stimme an. Ängstlich suchte ich im Gesicht meiner Tante nach einer Reaktion.

Plötzlich schämte ich mich. Ich hatte meinen Wunsch einfach so herausgeplappert. Mir keine Gedanken darüber gemacht, was ein Lexikon kostet.

Sie erfüllte mir meinen Traum und beschenkte mich mit einem ganz aktuellen Bertelsmann Volkslexikon, in der 33. Auflage von 1966.

Noch heute ist es mir unmöglich, meine unbändige Freude über dieses außergewöhnliche Geschenk zu beschreiben, das mich bis auf den heutigen Tag begleitet. Obwohl wahrscheinlich vieles, was darin beschrieben, überholt ist, werde ich diesen Wissensschatz bis ans Ende meiner Tage bewahren und in Ehren halten!

Anne Michel

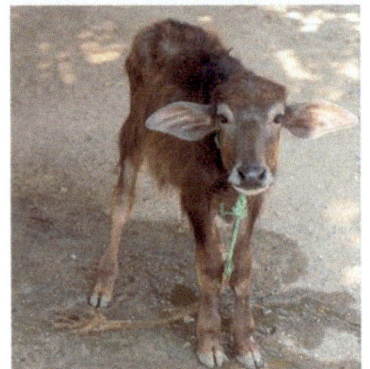

102

Tiergeschichten

Andreas und die Wutz

Es ist etliche Jahre her, damals ging mein Sohn Andreas in den Kindergarten, in dem ich selbst arbeitete.

In der Mittagspause gingen wir gemeinsam zum Mittagessen zu meiner Mutter. In unmittelbarer Nachbarschaft lernte mein Bruder Bernd den Beruf des Tischlers. Jeden Mittag trafen wir uns alle um den Tisch bei meiner Mutter, die für uns alle wie jeden Tag gekocht hatte.

Das Kind hatte immer Unfug im Kopf, aber meistens keinen Hunger. Er war zwar rundherum gesund, aber Oma meinte, das Kind müsse unbedingt essen. Gemüse wäre doch für das Wachstum so wichtig. Aber mein Sohn sah das anders. Um der Sache Nachdruck zu verleihen, kam der „Buwe Kaufer" (eine Erfindung meiner Mutter) ins Spiel in Person meines Bruders, der mit einem Stock von außen an die Wand klopfen musste. Doch auch das hat bald nichts mehr genutzt.

Nach dem Mittagessen spielte der Junge draußen in Hof und Garten. Es war Mai. Der Gemüsegarten war von Oma liebevoll hergerichtet, die Beetreihen gezogen, Samen ausgesät, Salat und Gemüsepflanzen gesetzt. Weiter hinten befand sich der Schweinestall. Meine Eltern zogen jedes Jahr ein Schwein groß, das dann in der Adventszeit geschlachtet wurde. Mein Sohn liebte das Schwein. Mit Opa war er öfter im Schweinestall zum Füttern und Opa zeigte ihm, was die „Wutz gern hatte". Er nahm eine raue Bürste und schrubbte dem Schwein den Rücken. Andreas liebte es, dem Schwein den Rücken zu schrubben.

Auch an diesem Maitag ging der Junge nach dem Mittagessen nach draußen, um zu spielen. Unvermutet schnell kehrte er in die Küche zurück und verlangte in den Kindergarten zu gehen. Das war merkwürdig! Warum? Es ist doch noch Zeit. „Trotzdem, es ist besser, wenn wir jetzt gehen," versicherte er mit Nachdruck. Da stimmte etwas nicht! Wir sahen uns alle drei irritiert an.

Also schaute ich nach und sah die Bescherung: Der ganze Gemüsegarten war bis zur Unkenntlichkeit durchwühlt. Er hatte im wahrsten Sinne des Wortes: „Die Sau rausgelassen," aber von der Sau war nichts zusehen.

„Andreas, wo ist die Sau?" Andreas vergrub seine Hände in die Hosentaschen und zuckte nur mit den Schultern. „Du musst doch wissen wo die Sau ist?"

Endlich ging er mit Oma zur Mistgrube und da drin stand sie. In voller Pracht! Und sie fühlte sich sichtlich wohl dort und wollte eigentlich dortbleiben, meine Mutter wollte das allerdings nicht.

Wie war die Sau in die Mistgrube geraten? Wahrscheinlich wollte Andreas sie wieder in den Stall treiben und dabei ist sie in die Mistkaut gefallen.

Natürlich musste sie da wieder raus! Aber wie? Oma zog sich die Gummistiefel an, bewaffnete sich mit der Mistgabel, stieg in die Mistkaut und versuchte das Tier mit der

Mistgabel herauszutreiben. Das war allerdings mühselig, weil der Mist sich unter dem Gewicht zusammendrückte.

Mein Bruder Bernd verfolgte mit Interesse dieses Schauspiel. Oma schrie: „Mach und helf mir, die Sau rauszuziehen!" Mein Bruder, der Feingeist, wollte alles, nur das nicht. Aber Oma zeterte: „Mach und pack an!" Er nahm dann halt mit spitzen Fingern, das heißt mit Daumen und Zeigefinger das Schwein an den Ohren. Meine Mutter sank indessen weiter tiefer in den Mist. Voller Wut schrie sie: „Packt jetzt endlich die Sau richtig an, sonst renn ich Euch alle zwei (sie meinte mich und meinen Bruder) die Mistgabel in den Hintern!"

Irgendwie haben wir das Schwein dann doch wieder in den Stall gekriegt. Es war so erschöpft, dass es sich so gleich auf dem Stroh niederlegte. Auch wir drei waren völlig erschöpft.

Jetzt auf einmal wollte der Bub nicht mehr in den Kindergarten. Zufrieden meinte er: „Oma ich bleib heut bei dir!" Oma war so bedient, dass sie sagte: „Heute nicht!" Dann hat sie ihren Goldjungen nur gebeten, die Sau in Zukunft im Stall zu lassen und nur mit dem Opa in den Stall zugehen.

Oma verzeiht alles, sogar den durchwühlten Garten. Denn der Junge hat es schließlich nur gut gemeint. Er wollte der Sau etwas Gutes tun.

Schuld war nur der Opa!!!!!

Elisabeth Vierheller

Unser Bingo

Bingo war ein Pudelpointer, das ist eine Mischung aus Königspudel und Pointer – einer für die Jagd tauglichen Hunderasse; mit der guten Nase des Pointers und der Bringfreudigkeit des Pudels.

Er hatte vier Wurfgeschwister, die alle das kurze Haar ihres Pointervaters hatten und deshalb sehr begehrt waren, nur Bingo hatte die dicken, lockigen Zotteln seiner Pudelmutter geerbt. Da alle Welpen schon versprochen waren, blieb für uns nur Bingo. Wir Kinder liebten diesen zotteligen Welpen, der aussah wie ein geplatztes Sofakissen und er dankte es uns mit unerschütterlicher Treue. Er fraß gerne und viel und wuchs gut. Er wurde größer und größer und war sehr stark. Den alten Reifen eines Mopeds, den er im Schuppen entdeckt hatte, trug er erhobenen Hauptes den ganzen Tag im Hof herum. Seine Hundehütte hatte er nie benutzt, er lag davor oder darauf, anscheinend war ihm immer warm. Im Sommer wurde er von unserem Vater geschoren, dabei war das Energiebündel lammfromm.

Als er dann in die Pubertät kam, wurde die Familie aber schwer geprüft. Mein Vater hatte zur Spargelernte einen uralten roten VW-Käfer gekauft, mit dem wir während der Spargelsaison jeden Tag zum Spargelstechen in die Sandhügel fuhren. Bingo durfte mit. Da er aber über alle Spargelbalken raste und alles zertrampelte, sperrten wir ihn kurzerhand ins Auto. Als wir fertig waren und die

Autotür öffneten, staunten wir nicht schlecht. Bingo hatte den kompletten Rücksitz in Einzelteile zerlegt. Der Bezug war zerfetzt, die Füllwatte in Stücke gerissen und durchgekaut. Bingo sprang freudig aus dem Auto an meinem vor Schreck erstarrten Vater vorbei und jagte über das ganze Feld. „Ich bring ihn um, wenn ich ihn erwische," zischte Vater. Wir Mädels lachten, denn wir wussten, das würde nie passieren. Bis Bingo wieder zu Hause eintreffen würde, war die Wut verraucht. Wir luden also unsere Spargelkörbe ein und fuhren heim. Der Hund folgte dem Auto in sicherem Abstand.

Daheim entfernte mein Vater unter leisem Fluchen die zerfetzte Rückbank und einen Müllsack voll Füllwollflocken. „Ach", meinte Mutter, „so schlimm ist das gar nicht, jetzt passen die Körbe viel besser hinein." Aber auch meine Mutter blieb von Bingos Streichen nicht verschont. An einem Samstag hatte sie Hefekuchen gebacken, Streusel-, Apfel-, Nuss- und Rahmkuchen wollte sie zum Geburtstag meines Großvaters servieren. Die frisch gebackenen Kuchen hatte sie auf Kuchendrähten zum Auskühlen im Nebenzimmer auf den Tisch gestellt. Als im Flur das Telefon klingelte, muss Bingo, angelockt von dem Kuchenduft, unbemerkt vom Hof durch die Küche in den Nebenraum gelangt sein. Er fraß alle Kuchen komplett auf.

Als meine Mutter von ihrem Telefonat zurückkehrte, lagen die Kuchendrähte auf dem Boden und nur noch ein paar kleine Krümel, während Bingo schon wieder schwanzwedelnd über den Hof raste. Die Schreie und das Donnerwetter meiner Mutter ignorierte er völlig.

Leider wurde unser Bingo nicht sehr alt. Mein Vater entdeckte beim Scheren einen Knoten am Gesäuge. Ein befreundeter Tierarzt operierte ihn, aber leider ohne Erfolg. Er starb wenige Monate später. Wir haben ihn sehr betrauert und durch seine Streiche bleibt er uns unvergessen.

Marlies Uhrig

Unser Rex

Rex war ein wunderschöner, rotbrauner Cockerspaniel, mit seidigem Fell, langen Hängeohren und einer hellen Stirnlocke, die ständig steil nach oben stand. Will man sich der Ansicht unserer Tochter anschließen, so trug er, wie damals modern, eine Punkerfrisur.

Er verfügte über all die positiven Eigenschaften, die man seiner Rasse im Allgemeinen zuschreibt. Er war unglaublich intelligent, gelehrig, verspielt, kinderlieb und freundlich. Die Liste seiner vielen Vorzüge ließe sich endlos fortsetzten. Er war ein Dreckspatz aller erster Güte, und: VERFRESSEN!!!!

Mein Mann redete sich diese Charaktereigenschaft unseres heißgeliebten Hundes schön, indem er die ständige

Fresslust unseres vierbeinigen Familienmitgliedes als „Morbus immer hungrig" bezeichnete. Manchmal sinnierte er auch darüber, dass unser armer Rex ohne Sättigungsfühl auf die Welt gekommen wäre, was quasi ein „Geburtsfehler" sei.

Sonst musste man an unserem Rex nichts, aber auch garnichts beschönigen. Er war der ideale Familienhund und der treue Freund und verlässliche Gefährte unserer Tochter. Mit ihm im Arm hörte sie ihre Märchenkassetten. Ihm flüsterte sie ihre Sorgen und Nöte ins Ohr. Und Rexi, wie sie ihn liebevoll nannte, genoss ihre zärtlichen Streicheleinheiten über alle Maßen. Er schlief vor ihrer Zimmertür und war der ständige Begleiter in ihrer Kinderzeit.

Nie werde ich vergessen, als wir Rex das erste Mal sahen: Er befand sich mit einem Rottweiler auf einem unbefestigten Außengelände des Tierheimes in Worms und war unsagbar dreckig. Es hatte kurz vorher geregnet und Rex hatte wohl voller Wonne ein Schlammbad genossen. Er kam schwanzwedelnd an den Zaun und wir verliebten uns sofort und auf der Stelle in diesen Dreckspatzen.

Rex zog schnell bei uns ein. Seine erste Amtshandlung bestand darin, dass er im Wohnzimmer an der Bodenvase mit einem ordentlichen Strahl Urin markierte und so seinem Gebietsanspruch Geltung verschaffte.

Wir sollten bald feststellen, dass Rex Schlamm und Wasser im besonderen Maße liebte. Er kam schwänzelnd aus den Bächen, über und über mit Algen bedeckt. Jede noch so winzige Pfütze nutzte er für ein kleines Bad zwischendurch und war auch im kältesten Winter nur mit absoluter Aufmerksamkeit und Konsequenz daran zu hindern, dass er sich voller Enthusiasmus in die Fluten oder den Matsch warf.

Kamen wir vom Gassi gehen mit ihm zurück, musste er erstmal vor der Haustüre warten. Meistens war er nämlich so schmutzig, dass, hätte er das Haus betreten, eine Generalreinigung fällig gewesen wäre. Zum Glück gab es eine Dusche direkt neben dem Eingang. Auf mein Kommando: Rex! Duschen, trollte er willig rückwärts!!!! in die Dusche und ließ sich vor Wohlbehagen grunzend den Dreck und was er auch immer in und auf seinem Fell hatte, abwaschen. Das anschließende Trockenrubbeln genoss er auch in vollen Zügen.

Noch heute sehe ich den entgeisterten Gesichtsausdruck meiner Freundin vor mir, die einmal Zeugin dieser Prozedur wurde und sich nicht genug über unseren Rex wundern konnte.

Von unseren Spaziergängen brachte er regelmäßig dicke Brocken Holz mit nach Hause. Ordentlich, wie er war, legte er diese vor der Haustür ab. Wir sammelten das Holz im Garten und im Winter hatten wir dank Rex tatkräftiger Unterstützung immer Holz für den Kamin parat.

Rex liebte es, beschäftigt zu werden. Er trug die Zeitung, schleppte die Kuscheltiere unserer Tochter durch das

Haus oder rückte mir um die Mittagszeit mit seinem Napf im Maul auf die Pelle.

Unsere Tochter brachte ihm allerlei Sinnvolles und weniger Sinnvolles bei. Sie spielte mit ihm „Hundeklinik" und Rex ließ sich willig von ihr untersuchen und verbinden. Dass kranke Hunde auch Schlaf brauchen, war auch ihr damals schon klar. Ihrer Aufforderung: Rex schlafen, kam er umgehend nach, legte sich hin und schloss ergeben die Augen.

Am meisten liebte er Suchspiele. Dann verteilte unsere Tochter allerlei Dinge und Leckereien im gesamten Haus, und Rex durfte sie suchen. Schwanzwedelnd durchschnüffelnde er das ganze Terrain und stöberte, sehr zur Freude unserer Tochter, alle Dinge, die sie sorgsam versteckt hatte, auf. Die Belohnungsprozedur hinterher war großartig und ich weiß nicht, wem das Spiel mehr Spaß gemacht hatte: unserer Tochter oder unserem schlauen Rex.

Zeitweilig, immer dann wenn ihr Taschengeld zu Ende ging, stellte unsere Tochter Überlegungen an, ob man Rex nicht gegen Gebühr an die Polizei als Spürhund ausleihen könnte.

Im Sommer lag er, das Gesicht zum Hause zugewandt, entspannt unter dem Rasensprenger und ließ sich voller Wonne vom Wasser berieseln.

Manchmal übernachte unsere Tochter im Sommer mit ihrer Freundin im Zelt in unserem Garten. Rex war natürlich mit von der Partie. Mein Mann wohl wissend, dass es den beiden Mädchen ziemlich mulmig zu Mute war, machte sich oft einen Spaß daraus, und warf kleine Steinchen oder Holzstückchen auf das Zeltdach. Prompt kam ein tiefes und bedrohliches Grollen aus dem Zelt zurück. Und die lobenden Worte unserer Tochter: „Braver Rexi, pass schön auf! Du bist der beste Bodyguard, den man sich nur vorstellen kann. Und? Was habe ich Dir gesagt, mein Rexi passt auf uns auf…"

Ein Festtag für ihn war, wenn er ein Schweineohr bekam. Ab diesem Zeitpunkt war er ein anderer Hund. Er trug mit Stolz erhobenem Haupt seine Beute auf sein Lager. Dort bewachte er glücklich das Schweineohr, mindestens einen halben Tag lang. Er fraß es in dieser Zeit nicht, ja er knabberte nicht einmal daran herum, sondern starrte die ganze Zeit die Köstlichkeit verzückt an.

Besucher waren ihm in seiner „Schweineohrphase" nicht willkommen. Er, der jeden Besucher normalweise freudig an der Eingangstür begrüßte, ließ nur ein dunkles Grollen hören, was heißen sollte: " bleib wo du bist, das Schweinohr gehört nur mir". Hatte er das Prachtstück endlich gefressen, war er wieder unser alter Rex. Erwartungsvoll schwänzelnd kam er auf uns zu, so als wollte er sagen: „Jetzt bin ich wieder da, und was machen wir jetzt?"

Wir respektierten das etwas abnorme Verhalten unseres Hundes. Jeder hat seine Marotten und wir waren der festen Überzeugung, dass unser Rex sonst keine weiteren Marotten hatte….

Meine Mutter war zu Besuch und zeigte sich sehr empört, dass unsere Tochter ihren leeren Kakaobecher auf den Fußboden im Esszimmer platziert hätte. „Das war ich nicht," rief unsere Tochter verärgert. Was denkst du nur von mir? Meine Mutter zeigte uns die Stelle und schwor Stein auf Bein, dass der Becher genau hier auf dem Fußboden gestanden hätte. Man könnte doch auch noch einige Kakaoflecken erkennen. Ratlos schauten wir sie an. Eine Erklärung dafür hatten auch wir nicht.

Einige Tage später kurz nach dem Frühstück hörte ich ein leises Klappern am Tisch. Vorsichtig schlich ich mich an. Das Bild, das sich mir bot, war für die Götter:

Unser Rex saß auf dem Stuhl unserer Tochter. Seine Pranken lagen auf dem Tisch. Bedächtig schob er mit einer Pfote den Kakaobecher näher an sich heran, nahm ihn ganz sanft und tief ins Maul und hüpfte vorsichtig zurück auf den Boden, wobei sich ein paar Tropfen auf seine Punkfrisur ergossen. Dort angekommen schlabberte er genüsslich den Becher leer.

Schlagartig waren mehrere Ungereimtheiten geklärt: der Kakaobecher auf dem Boden, Gläser, vollgefüllt mit Cola, die immer dann leer waren, wenn man daraus trinken wollte. Die verklebten Stirnlocken unseres Lieblings, leere Tüten vom Bäcker, alles bekam plötzlich einen Sinn. Ja, wir mussten uns einstehen, dass unser Rex ein Gewohnheitsdieb war. Langweilig war es uns mit ihm nie.

Unsere Tochter und ihre Freundinnen hatten manchmal, mit einem etwa gleichaltrigen Jungen aus der Nachbarschaft die üblichen Meinungsverschiedenheiten, die es halt im täglichen Leben ebenso gibt. Ich glaube, sie hatte auch etwas Angst vor ihm, weil er ziemlich großmäulig war.

Sie war mit Rex unterwegs und der Junge kam ihr mit einem Tennisball spielend entgegen. Blitzschnell bemächtigte sich der ballverliebte Cocker des Tennisballs und setzte sich wartend neben seine Besitzerin. „Gib mir den Ball zurück", schrie der Junge. „Wenn ich ihn selbst holen muss, kann dein Drecksköter was erleben." „So, meinst Du. Wer hier was erlebt, das wird sich noch herausstellen", entgegnete unsere Tochter tapfer. Mit Rex an ihrer Seite war das kein Hexenwerk. „Nach warte, du dumme Kuh", schrie der Junge zurück und setzte sich in Bewegung. Aus Rex Brust kam ein dumpfes, bedrohliches Grollen.

Abrupt und unsicher blieb der Junge stehen. Unsere Tochter streichelte zärtlich über den Punker ihres Hundes und gab ruhig das Kommando: „Rex, Platz!" Gehorsam legte sich der Hund neben sie. Den Ball hatte er immer noch im Maul, versteckt unter seinen langen Lefzen. „Und jetzt, was machst Du jetzt?" fragte unsere Tochter.

Merklich leiser forderte der Junge: „her mit dem Ball, aber ein bisschen plötzlich." Unsere Tochter mutierte zur Superwoman. „Geht das auch ein bisschen freundlicher? Das Zauberwort möchte ich schon gerne hören", konterte sie mit einem leichten Touch Provokation.

„Gib mir den Ball! Bitte", knurrte der Junge unwirsch. „Aber gerne", erwiderte Sie. „Rex! Aus!" Augenblicklich ließ der Hund den Ball fallen. Unsere Tochter kickte den Ball in die entgegengesetzte Richtung und zog siegreich nach Hause. Man kann sagen, dass sich die zukünftigen Meinungsverschiedenheiten zwischen den beiden Kontrahenten, ab diesem Zeitpunkt auf Augenhöhe abspielten.

Unser Rex vermittelte uns jeden Morgen das Gefühl, das er sich auf die Überraschungen, die der kommende Tag für uns bereithielt, unbändig freute.

Das Schicksal hatte uns leider keine lange gemeinsame Lebenszeit mit unserem vierbeinigen Gefährten beschieden. Bevor er zu uns kam, war Rex von einem beißwütigen Hund angefallen und schwer verwundet worden. Die Spätfolgen der damaligen Verletzungen brachen urplötzlich aus, konnten nicht geheilt oder gebessert werden.

Und so mussten wir uns viel zu früh von unserem vierbeinigen Gefährten verabschieden, ihn loslassen und von seinen entsetzlichen Schmerzen erlösen.

Mit keinen Worten kann ich die Trauer und den Schmerz beschreiben, die uns befielen, nachdem Rex über die Regenbogenbrücke gegangen war.

Wir tragen Rex seit dieser Zeit in unserem Herzen und in unserer Erinnerung. Immer, wenn wir an ihn denken, über ihn reden, zaubert er ein Lächeln auf unser Gesicht.

Auch heute, so viele Jahre nach seinem Tod, bringt er uns noch zum Lachen.

Das ist sein wunderbares Vermächtnis!

Lieber Rex, Du warst ein ganz besonderer Hund.

Wir sind froh und dankbar, dass wir für eine wenn auch viel zu kurze Zeitspanne Mitglieder deines Rudels sein durften.

Anne Michel

Die Zeit vergeht

Du bist jetzt eine Frau!

Die Kleine rennt durch die Nacht. In der nächtlichen Stille hört man deutlich das rhythmische Stakkato, das die Füße beim Auftritt auf der Straße verursachen. Methodisch spult die Kleine den Sprint wie ein Trainingsprogramm ab:

Laufen, atmen, laufen, atmen.

Sie ist eine sehr gute Läuferin. Stadt- und Kreismeisterin in allen Laufdisziplinen ihrer Altersklasse. Die zahlreichen, angepinnten Urkunden in ihrem Zimmer zeugen von Erfolgen und Rekorden.

Aber dieser Sprint ist anders, härter und länger. Er fordert alles, was sie geben kann, und noch viel mehr. Ängstlich horcht sie in die Dunkelheit hinein. Außer den Laufgeräuschen und ihrem keuchenden Atem ist nichts zu hören. Nur aus der Ferne vernimmt sie den einsamen Ruf eines Käuzchens. Stille, Gott sei Dank, kein Geknatter von einem Moped. Erleichtert und routiniert rennt sie in atemberaubender Geschwindigkeit durch den engen Hohlweg, zurück in den Schutz des Ortes.

Laufen, atmen, laufen, atmen.

Nach einer gefühlten Ewigkeit verheißt das schwache Licht der Straßenlaterne Geborgenheit. Sie verringert das Tempo und rastet einen Augenblick, im Schutz der ersten Häuser. Völlig ausgepumpt, atmet sie mühevoll aus und ein. Das Atmen fällt ihr unendlich schwer. Es gibt keine Stelle an ihrem Körper, die nicht schmerzt.

Sie muss weiter, dorthin, wo sie sich mit dem Großen trifft. Immer dann, wenn sie den Eltern einen Ausgang für die Kleine aus dem Kreuz geleiert haben. Meist mit einer von Lügen und Halbwahrheiten gespickten Geschichte, wie sie fantasievoller nicht sein könnte.

Der Große wartet schon. Wütend fährt er sie an: „Wo warst du?" Die Kleine hebt den Kopf. Zwei blaue Augenpaare starren sich an. Eines, dunkel vor Zorn, das andere, von zurückgedrängten Tränen verwässert.

Beim Großen fällt der Groschen: „Hat er dir was angetan?" Stockend berichtet sie, dass er mit ihr ins Feld fuhr. Zum Häuschen, weit draußen vor dem Ort. Wo er sofort zudringlich wurde. Sie gegen die Böschung gedrängt hat. Wie seine Hände überall ihren Körper begrapschten. Ihr bewusst war, dass, wenn er sie auf den Boden zwingt, es keine Chance mehr gibt, ihm zu entkommen. Wie sie vorgeblich ihren Widerstand aufgegeben habe. Worauf er, wie von ihr erhofft, die Umklammerung löste. Wie sie ihm mit voller Wucht die Zähne in die Wange geschlagen hat, als er sehr nahe mit dem Gesicht herangekommen war. Und sie so fest zubiss, dass er, halb wahnsinnig vor Schmerz, endlich losgelassen habe. „Dann bin ich nur noch gerannt, so, als wäre der Teufel hinter mir her."

Der Große bebt vor Wut. „Bei Gott, ich schlage dem verdammten Drecksack seine faulen Zähne in den Rachen, solange bis er Lumpen kotzt."

Ungewöhnlich zärtlich streicht er ihr über das verweinte Gesicht: „Ab sofort musst du noch vorsichtiger sein. Du bist jetzt eine Frau!" Bitter erwidert sie: „Schau mich doch an, das glaubst du selbst und sieben Andere auch nicht." „Doch Kleine! Gefährlich ist, dass du es selbst nicht glaubst: Du bist jetzt eine Frau!"

Anne Michel

Schluss mit Lug und Trug

Seit heute ist Schluss. Endgültig Schluss! Endlich habe ich mich getraut, offensiv mit meinen Betrügereien umzugehen. Mich als Betrügerin und Lügnerin zu outen.

Jahrelang habe ich mir und meinem Umfeld etwas vorgespielt. Ich habe Tatsachen geschönt, verdreht und dahingehend manipuliert, dass niemand auf die Idee gekommen wäre, dass irgendetwas mit mir nicht stimmt.

Wann hatte ich damit angefangen, die bittere Realität zu verleugnen? Es muss Jahre, um nicht zu sagen, Jahrzehnte her sein. Ganz langsam bin ich in eine ausweglose Situation hineingeschlittert. Die Trickserei hielt sich zuerst in engen Grenzen. Aber wie heißt es doch so schön: „Eine Lüge zieht 100 weitere hinter sich her." So war es auch bei mir. Die Manipulationen wurden immer heftiger. Ja, sie bestimmten fast mein gesamtes tägliches Leben. Termine mussten ständig eingehalten werden. Etwaige Änderungen riefen jedes Mal Panikattacken und Schnappatmung auf den Plan. Die Angst, dass meine Schummeleien auffliegen, war allgegenwärtig.

Wie oft, war ich nahe daran, den Mauscheleien ein Ende zu bereiten. Aber immer, wenn ich in meinem Umfeld vorfühlte, so nach dem Motto: „Was wäre, wenn" bekam ich die volle Breitseite der Entrüstung und des Unverständnisses für mein Ansinnen ab. Ergo ging ich weiter auf dem Weg der Illusionen. Ich hatte ja das Einverständnis meines Lebensumfeldes. Warum sollte ich was ändern?

Ich redete mir meine Maßnahmen schön: „All die anderen machen es ja auch. Warum soll ich mit den Nachteilen leben, die zwangsläufig entstehen, wenn ich mich als Betrügerin oute?" Irgendwann merkte ich, dass ich nicht mehr zu 100 Prozent hinter meinen Etikettenschwindel stand. Ich erkannte, dass die Manipulationen und Tricksereien einen nicht unbeträchtlichen Teil meines täglichen Lebens vereinnahmten.

Auslöser für mein Outing war der vergangene Sonntag. Es ging mir tierisch auf die Nerven, dass ich mich nicht traute, meinen Fahrradhelm in der Gaststätte abzunehmen. Ich hatte sogar ein Baseballcap dabei, um für alle Eventualitäten gerüstet zu sein.

Aber damit ist jetzt Schluss! Am Dienstag war ich beim Friseur. Meine Haare sind jetzt raspelkurz geschnitten. Ich sehe aus, wie ein Streifenhörnchen. Überall blitzt es grau unter den noch in Fragmenten vorhandenen Farbmanipulationen hervor.

Na und? Jetzt bin ich grau, aber ehrlich! Die Schummeleien haben ein Ende und ich fühle mich befreit. Ganz nach dem Motto: „Ehrlich währt am längsten" Ich bin mal gespannt, wie lange. Wetten nehme ich ab sofort an.
Anne Michel

Das erste graue Haar

Sie steht am frühen Morgen noch ganz müde von der Nacht vor dem Spiegel, gähnt herzhaft und ausgiebig, reckt und streckt sich. Da, auf einmal sieht sie es, ganz unvorbereitet und erschrickt. Ein graues Haar! Ein graues Haar oben am Mittelscheitel, ganz fein und unscheinbar glitzert es ihr entgegen. Fast könnte man es übersehen, wenn da nicht der Verdacht wäre, wo eins ist können auch zwei, drei sein oder sogar noch mehr?

Hektisch nimmt sie den Kamm in die eine und die Bürste in die andere Hand und überlegt kurz, wo und an welcher Stelle sie suchen muss, um zu sehen ob da noch weitere versteckt sind. Sie kämmt die Haare von rechts nach links, von links nach rechts. Von vorne nach hinten, wieder zurück, von unten nach oben, bis sie nicht mehr weiß, wo sie schon überall gesucht hat. Schließlich ist sie ganz aus der Puste und hat doch nichts mehr gefunden. Sie versteht die Welt nicht mehr. Gestern war doch noch alles in Ordnung, sie fühlte sich jung und fit. Heute soll all das alles vorbei sein und sie alt sein? Waren dort etwa auch schon die ersten Fältchen? Sie getraute sich nicht in den Spiegel zu sehen und schon gar nicht näher heranzugehen. Was, wenn sie da wirklich schon die ersten Fältchen entdeckte, was sollte sie dann tun, was konnte sie dann tun? Fragen über Fragen! Ach, es war aber auch zu ärgerlich, wäre sie heute doch nur im Bett geblieben! Dann wäre ihre Welt noch in Ordnung und der Tag hätte so schön sein können.

Dann hört sie es, noch zögerlich und leise, dann aber immer lauter und fordernder. „Aufstehen, du Schlafmütze! Die Sonne scheint, der Kaffee ist gekocht, heute ist Sonntag, du hast jetzt lange genug geträumt!"
Und da ist sie erleichtert und froh die Stimme ihres Mannes zu hören. Es war alles doch nur ein Traum!

Gisela Diehl

Der Geist ist willig, doch der Körper ist schwach

Sie sitzt auf der Terrasse in der Sonne und wartet auf ihre Tochter. Das Warten bestimmt mittlerweile einen großen Teil ihres jetzigen Lebens. Sie wartet auf den neuen Tag, auf die Pflegerin, die ihr bei der Morgen- und Abendtoilette hilft. Auf das Frühstück, das Mittag- und Abendessen. Sie wartet auf den nächsten Termin, auf Besuch. Warten, warten, immer nur warten.

Selbstbestimmt hat sie 84 lange Jahre gelebt. Fast ausschließlich in dem Ort, in dem sie geboren wurde. Drei Kinder hat sie zu selbständigen Erwachsenen erzogen. Sich gewissenhaft um die Familie, Haus, Hof und den Garten gekümmert. Gemeinsam mit ihrem Mann ein Haus gebaut. Jeden einzelnen Stein hielt sie, in ihren, nun von der Arthrose verunstalteten Hände. Die gleichen Hände, die jetzt noch nicht mal mehr dazu taugen, die Knöpfe an der Bluse zu schließen.

Für Notleidende, Kranke, Trostsuchende war sie immer da. Nie war ihr etwas zu viel. Oft hat sie auch die zahlreichen Nachbarskinder mit durchgefüttert und betreut, wenn Not am Mann war.

Ausgefüllt, reich an Arbeit und Sorgen war ihr Leben. Ungeachtet dessen, stand die Haustür stets offen. Jeder war willkommen in ihrem Heim, das durch seine quirligen und lebendigen Personen oft aus allen Nähten zu platzen schien.

Nie hatte sie die Zeit gefunden, sich in einen Sessel zusetzen und die Hände in den Schoß zu legen. Oder einfach nur in die Luft zu starren und Gott einen guten Mann sein lassen. Wie gerne hätte sie früher ein gutes Buch gelesen. Hätte sie angefangen zu lesen, sie wäre erst Jahre später damit fertig geworden.

Außer an Sonn- und Feiertagen kleidete sie sich niemals in eine bessere Garderobe. Mit Ihrer zweckmäßigen Alltagskleidung war sie vollauf zufrieden und verschwendete kein einziges Mal auch nur einen Gedanken daran, die Gegebenheiten zu verändern.

Jetzt sitzt sie tagein, tagaus in einem bequemen Sessel auf der Terrasse. Die verkrüppelten, inzwischen bestens gepflegten Hände liegen untätig in ihrem Schoß. Um nichts mehr muss sie sich selbst kümmern, seit sie ihre neue Wohnung in einer Senioreneinrichtung für betreutes Wohnen bezogen hat.

Jetzt hätte sie alle Zeit der Welt, für all die Dinge und Aktivitäten, die in ihrem früheren Leben stets auf der Strecke blieben. Aber jetzt gibt es andere Hindernisse, die dagegenstehen, ihre langgehegten Träume zu realisieren. Ihr wacher Geist entwirft ständig Pläne, wie ihre Wünsche am besten umzusetzen sind. Doch der vom Leben ausgelaugte Körper verweigert jegliche Mitwirkung.

Ein Rollator und ein Rollstuhl wurden zur Unterstützung der Mobilität angeschafft. Aber beide Gehilfen sind für eine Schiffsreise eher ungeeignet. Die steifen Finger vermögen an manchen Tagen kaum ein Buch zu halten. Noch weniger sind sie brauchbar, sich mit Handarbeiten die quälend langsam verrinnende Zeit zu vertreiben.

Nun verbringt sie ihre Tage in Untätigkeit und Warten. Wartet auf den neuen Tag, aufs Frühstück, Mittag- und Abendessen, den nächsten Termin, auf Besuch.

Anne Michel

Ein neues Blatt

Ein neuer Abschnitt liegt vor mir
Ein unbeschriebenes Blatt
Noch ist es rein und unscheinbar
Mit Rändern außen glatt

Es wird sich füllen, dieses Blatt
Mit Farben aller Art
Ein Potpourri der Farbenpracht
Beleuchtet jeden Tag.

Es werden helle Sterne leuchten
und dunkle Wolken drohen
ein hoffnungsvolles Grün wird schimmern
Und rotes Feuer lohen

Ein jammervolles Grau wird sein
Gleich neben leuchtend Blau
Es werden schwarze Flecken sein
Und Räume weiß und rein

Das Blatt wird eng beschrieben sein
Benutzt, befleckt, verbraucht
Die Ränder eingerissen sein,
ein Fetzen, der zu nichts mehr taugt

Doch dieses Blatt wird anders sein
Ein edles Stück Papier
Mit goldenem Stift beschrieben sein
Das Heute, Jetzt und hier

Es wird von allem etwas sein,
das ich darauf geschrieben
Was davon bleibt, das ist die Zeit
Die ich darauf beschrieben.

Anne Michel